Franz Hohler
Der Enkeltrick

FRANZ HOHLER

Der Enkeltrick

Erzählungen

Luchterhand

Der Enkeltrick

Die Frau, die vor der Wohnungstür stand, war eindeutig nicht die Postbotin, obwohl sie zweimal geklingelt hatte. Die Postbotin hatte blondes Haar, das zu einem Pferdeschwanz gebunden war, und die hier hatte krauses schwarzes Haar und dunkle Augen. Auch trug sie keine blaue Uniform, sondern eine rote Bluse und eine schwarze Lederjacke. »Frau Ott?« fragte sie und lächelte.

Amalie Ott nickte. Sie musste zwar ab und zu mit Momenten kämpfen, in denen sie nicht mehr sicher war, wo sie gerade stand oder wohin sie gehen wollte und ob heute wirklich Sonntag war, wenn sie eine geschlossene Kirchentür vorfand, aber mit 88 Jahren sei so etwas nicht ungewöhnlich, hatte ihr der Hausarzt gesagt, und wichtig sei einfach, dass sie immer ihre Adresse bei sich trage, wenn sie das Haus verlasse.

Doch jetzt stand sie bloß an der Wohnungstür und nickte, denn soviel stand fest, sie *war* Amalie Ott.

»Was wünschen Sie?« fragte sie die fremde Frau.

»Darf ich einen Moment hereinkommen?« fragte diese, »es ist vertraulich.«

Amalie schloss kurz die Augen und sah ihre zwei Töchter mit ihren Männern und ihren Groß- und Urgroßkindern, und sie riefen ihr im Chor zu: »Keine Fremden hereinlassen!«

Als sie die Augen wieder öffnete, stand die Frau in der roten Bluse immer noch da und schaute sie lächelnd an.

»Bitte«, sagte Amalie, »kommen Sie herein.«

»Das ist lieb von Ihnen«, sagte die Fremde, die bereits einen Fuß auf der Schwelle hatte.

»Wir gehen in die Küche«, sagte Amalie und ging vor der Frau her durch einen schwach beleuchteten Korridor in die Küche. Auf dem Tisch war ein Teller mit einem halb gegessenen Stück Butterbrot mit Marmelade und einer Tasse, dahinter ein Glas mit Nescafé-Pulver.

»Setzen Sie sich«, sagte Amalie und wies auf den zweiten Stuhl, »ich bin spät dran mit dem Frühstück, möchten Sie auch einen Kaffee?«

»Danke«, sagte die kraushaarige Frau, »ich habe nicht viel Zeit. Ich bringe Ihnen eine Nachricht von Ihrer Enkelin.«

Wieder schloss Amalie kurz die Augen, und wieder sah sie den kleinen Familienchor. Fünf Enkel waren dabei, drei hochgeschossene junge Männer von der ersten Tochter, zwei mit ihren Frauen und zwei Urenkel, ein etwas kleinerer Mann von der zweiten Tochter, und da stand rechts außen noch eine junge Frau, etwa dreißigjährig, mit einer Stupsnase und einem Bubikopf, die ihr zuwinkte.

»Von Cornelia?« fragte Amalie, als sie die Augen wieder öffnete.

»Ja, von Cornelia«, sagte die Frau.

»Was ist mit ihr«?

»Sie ist in Not.«

Und die Fremde erzählte nun, dass Cornelia auf einer Reise in Rom verhaftet worden sei, weil sie für einen Freund ein Päcklein mitgenommen habe, in dem Drogen versteckt waren, natürlich habe sie das nicht gewusst, Cornelia hätte so etwas nie gemacht, aber jetzt sei sie im Gefängnis und käme nur gegen eine Kaution von 20 000 Euro frei, das seien also etwa 22 000 Franken, und Cornelia habe ihr ihre, Amalies Adresse, gegeben mit der Bitte, ob sie ihr vielleicht aus dieser Lage heraushelfen könne.

»Aber ihre Mutter?«

Die dürfe auf keinen Fall etwas erfahren, Cornelia schäme sich furchtbar, dass sie in so etwas hineingeraten sei, und sie bitte sie, niemandem von der Familie etwas davon zu sagen, sie werde ihr bestimmt auch alles zurückzahlen.

Amalie nahm einen Schluck Kaffee und wischte sich die Lippen mit dem Handrücken ab.

Ja, die Cornelia, sagte sie, das passe zu ihr.

Sie hatte das Mädchen immer gemocht, schon weil sie ihre einzige Enkelin war, aber auch das Wilde an ihr hatte ihr gefallen. Cornelia war bereits als Schülerin gerne gereist, war einmal per Anhalter mit einer Freundin nach Spanien gefahren, während ihre Eltern in allen Ängsten waren. Amalie hatte sie damals beruhigt, sie werde schon wieder zurückkommen. Später dann hatte sie eine Kunstschule im Ausland besucht, wollte Filme machen und schlug sich mit Gelegenheitsarbeiten durch, der Kontakt mit ihr war in letzter Zeit etwas verloren gegangen, ab und zu war ein Kartengruß von ihr gekommen, von irgendeiner fernen Insel, und jetzt also das.

Amalie nahm einige Postkarten vom Kühlschrank ab, wo sie mit Magneten befestigt waren, und schaute sie einzeln an. »Das ist von ihr, glaub ich«, sagte sie und hielt der Fremden eine Karte hin, auf der das Meer gegen Küstenfelsen brandete, »da war sie am Meer.«

Die Fremde schaute die Karte an. »In Irland«, sagte sie dann, »sie war oft in Irland, davon hat sie mir erzählt. Und wie machen wir jetzt das mit dem Geld?«

Amalie schloss nochmals die Augen, und ihre ganze Familie rief ihr zu: »Nichts geben!« Sogar die beiden kleinen Urenkel schüttelten ihre Köpfe. Einzig Cornelia ganz außen machte ihren Mund nicht auf und winkte ihr bloß zu.

Amalie seufzte. »Warten Sie«, sagte sie und ging in das Zimmer ihres verstorbenen Mannes. Sie machte die unterste Schublade des Schreibtisches auf und zog die Schachtel hervor, auf der groß »Fotos« stand. Zuoberst lag das Familienfoto, das sie schon gesehen hatte, als sie die Augen schloss. Auf einmal schien ihr, Cornelia blicke traurig drein. Unter dem Foto war ein Umschlag, der mit »Hochzeitsreise« angeschrieben war, und dort drin bewahrte sie ihr Geld auf. Ihr Mann hatte das so eingerichtet, »gegen die Einbrecher«, hatte er gesagt. Sie öffnete das Couvert und zählte 10 Hunderternoten. Sie steckte den Umschlag in die Handtasche, die auf dem Schreibtisch stand, und machte Schachtel und Schublade wieder zu.

Als sie sich umdrehte, stand die fremde Frau im Türrahmen.

»Es reicht nicht«, sagte Amalie, »ich muss es auf der Bank holen.«

»Ich kann Sie begleiten«, sagte die Fremde.

Eine Stunde später gingen die zwei Frauen über die Aarebrücke. Amalie hatte sich sonntäglich angezogen, wie immer, wenn sie zur Bank ging, ein blaues Deux-Pièces, darüber ihren feinen Regenmantel und den Hut mit der Brosche und der silbernen Feder, dazu ihre große Handtasche. Die Botin von Cornelia hatte sie zwar zur Eile ermahnt, aber Amalie hatte sich nicht beirren lassen. Sie bekomme ihr Geld nur, wenn sie anständig aussehe, sagte sie.

Die Bank lag gleich am Aarequai, und die kraushaarige Frau sagte zu Amalie, sie warte hier auf der Sitzbank auf sie, bis sie mit dem Geld zurückkomme, und Cornelia werde ihr bestimmt unglaublich dankbar sein.

Als Amalie über den Fussgängerstreifen gegangen war und sich nochmals umdrehte, sah sie, dass sich eine zweite Frau zur Fremden gesetzt hatte und sich mit ihr zu unterhalten begann.

Es war nicht leicht, dem Mann am Schalter begreiflich

zu machen, dass sie 20 000 Euro brauchte, und zwar in bar. Ob er sie fragen dürfe, wofür sie das Geld brauche? Sie überlegte einen Moment, erinnerte sich daran, dass sie niemandem etwas sagen solle, und fand dann ein Wort, das ihr angemessen schien.

»Privat«, sagte sie.

Er müsse zuerst schauen, ob sie überhaupt soviel Euro da hätten, sagte der Mann, ging nach hinten und kam erst nach einer Weile wieder. Doch, sagte er dann, es gehe, aber falls sie damit ins Ausland fahren wolle, könne er ihr auch einen Teil davon in Reisechecks mitgeben, das wäre sicherer als Bargeld.

Als sie nichts davon wissen wollte, legte er ihr eine Quittung über 21 625 Franken zur Unterschrift vor. Soviel kosteten die 20 000 Euro, die hier in diesem Umschlag bereitlägen. Dann zählte er ihr die Scheine ab, vor allem grüne und braune, Scheine jedenfalls, die sie noch nie gesehen hatte, steckte sie dann in den Umschlag und schob ihn ihr zu.

Lächelnd steckte sie den Umschlag in ihre große Handtasche und sagte, sie habe gar nicht gewusst, dass sie soviel Geld habe.

Sie solle vorsichtig sein, sagte der Schaltermann, und ob vielleicht jemand von ihnen sie nach Hause begleiten könne.

Oh nein, das sei nicht nötig, sagte sie, sie habe schon jemanden.

Aber als sie zur Sitzbank kam, war diese leer.

Amalie schaute sich um, ohne dass sie irgendwo eine rote Bluse sah.

Sie setzte sich und wartete. Es gefiel ihr nicht, dass die Frau, mit der sie doch abgemacht hatte, einfach verschwunden war. Cornelia brauchte ja das Geld.

Was sie nicht wusste, war, dass der Mann am Schalter die Polizei angerufen hatte. Die hatte sofort eine Streife geschickt, welche die beiden Frauen, die als Betrügerinnen ausgeschrieben waren, festnahm.

Sie wartete und wartete und nickte etwas ein.

Als sie erwachte, standen ein Mann und eine Frau vor ihr. Sie seien, sagten sie, von der Polizei, zeigten ihr ein Foto von der kraushaarigen Frau und fragten sie, ob sie diese Person kenne.

Amalie nickte. »Ja«, sagte sie, »seit heute.«

Ob sie sie um Geld angegangen habe, fragten die beiden weiter, und Amalie nickte wieder: »Für meine Enkelin.«

Nun blickten sich die beiden an und nickten. Da habe sie Glück gehabt, sagte der Mann, die Person sei eine Betrügerin. Ob sie mit ihnen auf die Wache komme zu einer Aussage und einer Konfrontation, fragte er weiter.

Amalie war verwirrt. Sie? Zur Polizei? Sie schüttelte den Kopf.

Oder lieber morgen Vormittag? fragte die Polizistin, das genüge auch noch. Sie sei doch Frau Amalie Ott von der Rosengasse?

Ja, sagte Amalie, etwas erstaunt darüber, dass man sie kannte, ja, das wäre ihr lieber, sie habe heute noch zu tun.

Der Polizist sagte, er erwarte sie in dem Fall morgen um 9 h auf dem Posten der Kantonspolizei, gab ihr sein Kärtchen und fragte dann, ob sie sie in die Bank begleiten sollten, um das abgehobene Geld zurückzubringen.

Amalie schloss kurz die Augen und sah sogleich den ganzen Familienchor, der ihr ein einziges »Jaaa!« zuschrie. Aber wieso stimmte Cornelia nicht mit ein, sondern stand einfach stumm am Rand?

»Nein, danke«, sagte Amalie und erhob sich von der Bank, »ich komme schon zurecht.«

»Passen Sie gut auf«, sagte die Polizistin, und: »Das Geld ist am sichersten auf der Bank«, fügte der Polizist hinzu.

Amalie nickte, sagte auf Wiedersehen und ging langsam neben dem bronzenen nackten Mann, der ein bronzenes Pferd besteigen wollte, über die Aarebrücke zum Bahnhof.

In der Mitte der Brücke blieb sie stehen, hielt sich mit einer Hand am Geländer fest und blickte ins Wasser hinunter. Es war ihr, als trieben alle ihre Gedanken flussabwärts. Wer war sie und wieso stand sie da? Wieso war sie so gut angezogen? War etwa Sonntag?

Sie schloss einen Moment die Augen, aber der Familienchor war verschwunden, und einzig ihre Enkelin Cornelia stand noch da und blickte sie an, ohne etwas zu sagen.

Als sie die Augen öffnete, wusste sie wieder Bescheid. Cornelia war in Rom im Gefängnis und brauchte Hilfe, und niemand von der Familie durfte etwas davon wissen. Niemand, außer ihr. Ihre Stunde war gekommen, die Stunde der Großmutter.

Am nächsten Morgen um 9 Uhr saß sie im Schnellzug nach Mailand und fuhr gerade in Airolo zum Gotthardtunnel heraus. Am Vierwaldstättersee hatte es noch geregnet, jetzt schien die Sonne.

»Oh«, sagte sie zum Herrn gegenüber, »hier scheint ja die Sonne!«

Der senkte die Basler Zeitung, hob kurz den Kopf und sagte dann: »Wir sind ja auch im Tessin.«

Die Frau im Reisebüro der SBB war gestern sehr nett gewesen, hatte ihr genau erklärt, wie sie in Mailand umsteigen müsse und dass sie dann eine Platzkarte im Wagen 24 für den Zug nach Rom habe, wo sie um 13.55 Uhr ankommen werde. Zuvor hatte sie ihre Kundin kurz gemustert und einladend gefragt, ob sie 1. Klasse fahren wolle, und Amalie hatte, ohne die Augen zu schließen, genickt. Auch dem 3-Tage-Arrangement in einem 4-Stern-Hotel, einem Sonderangebot der Bahn, hatte sie sofort zugestimmt, hatte die 685 Franken aus ihrem Couvert »Hochzeitsreise« bezahlt und die restlichen 315 Franken umgewechselt, in Lire, hatte sie verlangt und sich dann belehren lassen, dass man in Italien schon lange mit Euro bezahle.

Als sie der Herr gegenüber bei der Fahrt am Luganersee entlang fragte, was sie denn nach Rom führe, musste sie zuerst einen Moment nachdenken, bevor sie sagte:»Meine Hochzeitsreise.«

Ob da nicht der Mann fehle, fragte der Herr, worauf Amalie entgegnete:»*Sie* sind ja da.«

Der Herr lachte und sagte:»Aber nur bis Mailand.«

Dort half er ihr jedoch beim Umsteigen, trug ihr sogar das Köfferchen und brachte sie in den Wagen 24, wo sie den Sitz Nr. 35 hatte, einen Fensterplatz, wie sie erfreut feststellte.

Neben ihr saß niemand, und kurz vor der Abfahrt setzte sich eine korpulente Frau mit mehreren Halsketten auf den Platz vis-à-vis und stellte ein Hundekörbchen auf den Sitz daneben, aus dem ein kleiner Spitz seine Schnauze streckte.

Amalie lächelte zuerst den Hund an, dann die Dame, und die Dame lächelte zurück.

»Ein herziges Hündli«, sagte Amalie, und die Dame nickte.

Als der Zug Mailand hinter sich gelassen hatte, fuhr er in einem Tempo, das ihr kaum Zeit ließ, etwas von der Landschaft zu sehen. Gutshöfe und Pappelalleen flogen vorbei, Kirchtürme und Dörfer tauchten auf und verschwanden wieder, ein großer Fluss wurde überquert, in einer Ebene, die kein Ende nahm, so dass es Amalie nach einer Weile aufgab, aus dem Fenster zu schauen.

Sie öffnete ihre große Handtasche und zog einen Thermoskrug hervor, schenkte sich einen Tee ein, der immer noch dampfte, und wickelte ein Schinkensandwich aus, das sie sich am frühen Morgen gemacht hatte.

Der Spitz blickte begierig zu ihr herüber.

»Darf ich?« fragte Amalie und zupfte ein Stücklein Schinken ab.

Die Dame nickte, ihre Halsketten blitzten, und der Spitz schleckte Amalie den Schinken von der Hand.

Wieder kam ein Moment, in dem sie sich erschreckt fragte, wo sie eigentlich war und warum sie in diesem rasenden Zug saß und ein Hündchen fütterte. Dann sah sie in ihrer Handtasche das durchsichtige Mäppchen des Reisebüros, auf dem groß das Wort »Roma« zu lesen war und wusste wieder Bescheid. Was sie allerdings nicht wusste, war, ob sie Italienisch konnte.

Sie machte einen Versuch. Sie zeigte auf den Spitz und fragte die Besitzerin: »Comment il s'appelle?«

Die Antwort kam sofort: »Zorro.«

Bis Bologna wusste Amalie, dass Zorro der Tochter ihrer Sitznachbarin gehörte, dass er drei Wochen bei ihr in den Ferien war und dass er jetzt nach Rom zurückgebracht werde.

Bis Florenz wusste die andere Frau, dass Amalie auf ihrer Hochzeitsreise nach Rom war, da sie bei der Heirat nach dem Krieg kein Geld dazu hatten und sie bis zum Tod ihres Mannes nicht mehr dazu gekommen waren, und in Rom schließlich wurde Amalie von der Tochter der Frau mit dem Spitz ins Hotel *Ambasciatore* gefahren.

Schon die Eingangshalle war überwältigend, mit roten Teppichen ausgeschlagen, und mit einem Kronleuchter, der aus einem gewaltigen offenen Treppenhaus herunterhing. Die Dame hinter dem großen Empfangspult war außerordentlich freundlich, als Amalie ihr das Mäppchen vom Reisebüro hinüberschob, und auch mit ihrem Italienisch, das sie sich in ihrem Welschlandjahr als junge Frau angeeignet hatte, kam sie ganz gut durch. »Pour trois jours«, sagte sie, und »Parfait« bekam sie zur Antwort.

Leicht belustigt sah sie zu, wie ein junger Bursche in einer Uniform mit Goldtressen, silbernen Knöpfen und einem kecken Mützchen ihren Koffer ergriff. Sie folgte ihm, und er fuhr mit ihr im Lift in den 5. Stock.

Als sie auf dem ausladenden Doppelbett im Zimmer saß, entglitt ihr die Welt wieder für einen Augenblick, und sie schloss die Augen. Sie sah ihren verstorbenen Mann, jung war er, im Sonntagsanzug trat er zur Kirche heraus, blickte sich suchend um und winkte ihr dann zu.

Sie nickte, öffnete ihre große Handtasche und holte den Umschlag hervor, auf dem »Hochzeitsreise« stand. Es war die exakte und schwungvolle Schrift ihres Mannes, und darin waren die Lire, die jetzt Euro hießen. Und auf dem Prospekt, den sie auf das Nachttischchen legte, stand »Rom – die ewige Stadt«. Da war sie also. Erleichtert legte sie sich auf das Bett und schlief sofort ein.

Beim Aufwachen brauchte sie eine Weile, bis sie sich zurechtgefunden hatte. Die Aussicht aus dem Fenster über die unendlich vielen Dächer und Türme war ihr vollkommen unvertraut, und sie konnte sich so lange nicht erklären, wo sie war, bis sie den Prospekt wieder sah. »Rom«, sagte sie zu sich, »ich bin in Rom«, und plötzlich wurde sie von einem Gefühl erfüllt, das sie kaum mehr kannte. Es war eine Neugier, eine Unternehmungslust, etwas von ganz früher, wenn es in ein Klassenlager ging oder auf eine Schulreise, als sie noch nicht Amalie Ott war, Mutter zweier Kinder, sondern selbst noch ein Kind, ein Kind, das sich auf das Leben freute. Aber da mischte sich noch etwas ein, auch von früher, es war die Angst vor dem Unbekannten, wie damals, als sie für ein Jahr ins Welschland ging und nicht wusste, was sie dort erwartete.

Doch die Freude überwog. Das Zimmer, in dem sie sich befand, gehörte zu einem Hotel, der Name des Hotels stand auf einem Notizblock neben dem Telefon. Sie riss sich das oberste Blatt davon ab und schob es in die Handtasche. Der Schlüssel steckte innen an der Zimmertür, die Nummer war auf dem Anhänger, der die Form einer Birne hatte. Sie zog den Zettel des Notizblocks wieder heraus und schrieb die Nummer unter die Hotel-Adresse, 501. Dann verließ sie ihr Zimmer, schloss die Tür ab, ging zu dem großen offenen Treppenhaus, in welchem der Kronleuchter herunterhing, und stieg in die Eingangshalle hinunter.

Von der freundlichen Frau an der Rezeption erfuhr sie, dass Nachtessen und Frühstück im Sonderangebot inbegriffen waren, dass der Speisesaal gleich neben dem Eingang bereits geöffnet sei und dass man ihr, wenn sie das wolle, für morgen gerne eine Stadtrundfahrt reserviere. Die nächsten zwei Tage vergingen wie im Rausch. Amalie sah Kirchen, Paläste, Tempelsäulen, Brunnen, Pärke, Kreuzgänge, Dome, sie stand im Kolosseum, sie hörte von den Römern, von Garibaldi und dem Papst, sie sah Gottes ausgestreckten Finger an der Decke der Sixtinischen Kapelle, und es war ihr, als strecke er den Finger nach ihr aus, sie fühlte sich in einer andern Welt; beim Essen hatte sie zuerst geglaubt, die Spaghetti seien die Hauptspeise und konnte fast nicht glauben, dass das Kalbsschnitzel mit der reichen Gemüsegarnitur auch noch für sie war, aber sie aß alles mit großem Genuss auf, trank dazu ein Viertelchen Rotwein, nahm zum Tiramisù einen Kaffee, was sie sonst am Abend nie tat, krönte den Tag mit einem Grappa und ging dann beschwingt in den Lift, den sie inzwischen zu bedienen gelernt hatte, und ließ sich im Zimmer 501 wohlig in das mächtige Doppelbett sinken.

Und die Leute waren so freundlich und verwöhnten sie und sprachen Französisch mit ihr, denn dass das nicht Italienisch war, was sie sprach, hatte sie inzwischen gemerkt. Einmal rannte ihr sogar jemand nach und brachte ihr die Handtasche wieder, die sie in einer Kirche liegen gelassen hatte, und die Kellner waren von einer Höflichkeit, die sie nicht kannte, rückten ihr den Stuhl zurecht, wenn sie sich zu Tisch setzte und zogen ihn leicht zurück, wenn sie wieder aufstand, sie konnte sich gar nicht erklären, womit sie das alles verdient hatte, so ging man doch sonst nur mit reichen Leuten um.

In den Momenten, in denen ihr nicht klar war, wo sie sich eigentlich befand und was genau sie hierhergeführt hatte, umklammerte sie ganz fest ihre Handtasche, die sie immer mit sich trug, und dann wusste sie es wieder: Sie war auf ihrer Hochzeitsreise, sie holte sie nach, auf Geheiß ihres Mannes, der das Geld im Couvert eigens dafür bestimmt hatte.

Zwar war ihr manchmal, als sei da noch etwas gewesen, eine Art Auftrag, aber sie kam nicht drauf und gab sich ganz dem Genuss ihrer Reise hin.

Am dritten Abend, dem Abend vor ihrer Abreise, gerade als sie ihr Zimmer verlassen wollte, um in den Speisesaal zu gehen, klingelte das Telefon.

Amalie erschrak. Wusste denn jemand, dass sie hier war? Sie zögerte etwas, doch dann drehte sie sich um, ging zum Nachttischchen hob den Hörer ab und sagte: »Hallo?«

Es war ihre Enkelin Cornelia.

Eine Stunde später betrat diese das Entrée des Hotels *Ambasciatore*, wo ihre Großmutter auf sie wartete. Amalie stand auf, und sie umarmten sich.

»Du bist schwanger, Mädchen?« fragte sie, »das wusste ich gar nicht.«

Sie wusste vieles nicht, und sie erfuhr erst, als sie zusammen im Speisesaal des Hotels saßen, dass man sie zu

Hause gesucht hatte und dass die Polizei herausgefunden hatte, dass sie nach Rom gefahren war, worauf ihre Tochter Cornelia angerufen hatte, da diese seit einem halben Jahr in Rom wohnte. Sie unterrichtete an einer deutschen Schule, um sich ihren Lebensunterhalt zu verdienen, während sie an einem Film arbeitete, der nicht vom Fleck kam. Ihr Mann war Italiener, sie kannte ihn von der Filmhochschule in München, und er war gerade auf einer sizilianischen Insel, um etwas über Flüchtlinge aufzunehmen. Zusammen bewohnten sie hier eine Einzimmerwohnung, was nicht so schlimm sei, weil er sowieso die meiste Zeit nicht da sei, und ...

Amalie legte ihre Hand auf die Hand ihrer Enkelin. Es war ihr gerade in den Sinn gekommen, weshalb sie nach Rom gefahren war.

»Und die Sache mit den Drogen?« fragte sie.

Cornelia zog ihre Hand zurück. »Hat es dir Mama erzählt? Da kannst du beruhigt sein, da bin ich längst wieder raus.«

Amalie schaute sich zu den Nachbartischen um und flüsterte dann: »Warst du lange im Gefängnis?«.

Cornelia war baff. »Wie kommst du denn darauf? Ich war überhaupt nie im Gefängnis.«

Und während sie den gemischten Salat aßen, erzählte ihr ihre Großmutter vom Besuch der kraushaarigen Frau und den Folgen.

Am nächsten Nachmittag gingen die beiden Frauen

durch den monumentalen Bahnhof von Mailand. Cornelia hatte Amalie bis dorthin begleitet und brachte sie zum Zug nach Basel, in dem sie ohne Umsteigen bis Olten fahren konnte. Am reservierten Platz hob sie das Köfferchen auf die Gepäckablage hinauf und setzte sich einen Moment ihr gegenüber. »Also«, sagte sie, »ich muss wieder zurück nach Rom. Und denk daran: erst in Olten aussteigen, gell?« Amalie nickte. »Aber sicher, Mädchen, was glaubst du denn?«

Sie schloss einen Moment die Augen. Dann griff sie in ihre Handtasche, nahm den dicken Umschlag der Bank heraus, der die ganze Zeit zuunterst gelegen hatte, und drückte ihn ihrer Enkelin in die Hand.

»Bevor ich's vergesse, das ist für dich. Für dich und das Kind. Du kannst es bestimmt brauchen.«

Cornelia zögerte.

Amalie lachte. »Auch wenn du nicht im Gefängnis warst.«

Cornelia zögerte immer noch, da sagte Amalie: »Nimm es ruhig. Mich gibt's nicht mehr lang. Aber dich.«

Cornelia umarmte sie, dann gingen sie zusammen zur Waggontür.

»Und schick mir eine Anzeige, wenn das Kind da ist!«

Später, als sie am Fuß des San Salvatore am Luganersee entlangfuhr und die Frau gegenüber sie fragte, wo in Italien sie gewesen sei, sagte Amalie: »In Rom. Auf der Hochzeitsreise.«

Der Geburtstagskalender

Seit er pensioniert war, hatte sich sein Leben verändert. Er gehörte zu denjenigen Menschen, die sich schlecht oder gar nicht darauf vorbereitet hatten, aus dem Arbeitsprozess auszuscheiden. Als Sachbearbeiter für die kleinen und mittleren Unternehmen auf dem Steueramt war er unter diesen für seinen unbestechlichen Blick auf die Buchhaltung und die abzugsfähigen Unkosten gefürchtet gewesen. Bei seiner Abschiedsfeier war sogar der zuständige Regierungsrat kurz erschienen und hatte ihm dafür gedankt, dass er durch seine Überprüfungen für den Staat jedes Jahr sechs- bis siebenstellige Frankenbeträge ins Trockene gebracht habe, ja, hatte er im Scherz gesagt, er, der Regierungsrat, verdanke wohl sein Jahresgehalt nur den Bemühungen von ihm, Eduard Frehner.

Und da war er nun auf einmal zu Hause, frühstückte am Morgen mit seiner Frau Sibylle, die einige Jahre jünger war als er, und wenn sie die Wohnung verließ und sich auf den Weg zum Treuhandbüro machte, in dem sie arbeitete, blieb er zurück, räumte den Tisch auf, steckte das Geschirr in die Spülmaschine, las die Zeitung, ohne dass er nachher sagen konnte, was er gelesen hatte, und wusste nicht, was tun.

Auf Anraten seiner Frau hatte er sich bei »Pro Senectute« gemeldet, um in Freiwilligenarbeit älteren Menschen beim Ausfüllen ihrer Steuererklärung behilflich zu sein, hatte aber zu seinem Erstaunen den Bescheid erhalten, sie hätten schon genügend Helfer für diese Aufgabe und würden gerne auf ihn zurückkommen, wenn jemand ausfiele. Er war kein Wanderer, er war auch kein Großvater, da ihnen ihr einziger Sohn bislang noch keine Enkel beschert hatte, er hatte keine wirklichen Hobbys. Immerhin hörte er gerne Musik, klassische Musik, und das Einzige, das er sich für die Zeit nach der Pensionierung vorgenommen hatte, war, Ordnung in die beachtliche Sammlung seiner Tonträger zu bringen, die aus Langspielplatten, Musikkassetten und CDs bestand. Er würde sie, hatte er gedacht, alle durchhören, ein Verzeichnis anlegen, Doppeltes ausscheiden und Kassetten, für die es ja bald keine Abspielmöglichkeiten mehr gab, auf CDs überspielen lassen, obwohl man bereits allenthalben hörte, diese seien ebenfalls Auslaufmodelle und die Zukunft der Speicherung von Musik sei die Festplatte. Er stellte jedoch fest, dass es ihm nach spätestens zwei Stunden reichte und sich dann wieder diese Ratlosigkeit einstellte, die er jeweils nach dem Frühstück verspürte.

Eines Morgens, als er auf der Toilette saß, fiel sein Blick auf den Geburtstagskalender, der neben dem Spiegelschrank an der Wand hing. Sibylle hatte ihn vor Jahren besorgt und darin mit Bleistift die Geburtstage ihrer Verwandten und ihrer Freundinnen eingetragen, auch den ihres Sohnes und einiger von Eduards Verwandten. Diesen Kalender hatte er so wenig beachtet wie ein Bild, an das man sich mit den Jahren so gewöhnt, dass man es nicht mehr wahrnimmt. Den Geburtstagen hatte er keine besondere Aufmerksamkeit geschenkt und manchmal auch gelächelt, wenn Sibylle, bevor sie aus dem Haus ging, noch ein Zettelchen auf den Boden des Korridors legte, auf dem sie mit Filzstift einen Namen mit dem Vermerk »Geb.« schrieb, also z. B. »Geb. Alfons«, damit sie nicht vergaß, Alfons zum Geburtstag zu gratulieren, wenn sie wieder nach Hause käme.

Beim heutigen Datum las er »Alice«. Allerdings hatte seine Frau kein Erinnerungszettelchen auf den Boden gelegt, denn Alice war eine Cousine von Eduard, mit der sie kaum mehr in Kontakt waren. Eduard holte sein Adressbüchlein, in dem sie mit ihrer Telefonnummer eingetragen war. Ob die wohl noch gültig war? Ja, das war sie, Alice meldete sich und war ebenso erstaunt wie gerührt, als sie Eduards Stimme hörte. Wie es dazu käme, dass er an ihren Geburtstag gedacht habe, fragte sie, und Eduard sagte, seit er pensioniert sei, habe er wieder mehr Zeit, auf den Geburtstagskalender zu schauen, und da stehe sie beim heutigen Datum drauf. Wo der Kalender hing, sagte er nicht. Er erfuhr dann von ihr, dass es ihr gar nicht gut

24

gehe und dass sie sich morgen ins Inselspital begeben müsse, um sich übermorgen einen Tumor entfernen zu lassen, nachdem die Chemotherapie nach der ersten Operation offenbar nichts genützt habe.

Eduard wünschte ihr dazu alles Gute, sagte, er werde an sie denken und ihr den Daumen drücken, und nachdem er den Hörer aufgelegt hatte, schrieb er sich einen Zettel »Do. Alice Blumenstrauß« und legte ihn auf seinen Schreibtisch. Heute war Montag, Donnerstag wäre der erste Tag nach der Operation.

Dann dachte er an seine Cousins und Cousinen, neun waren es insgesamt, und sie waren, wie er feststellte, allesamt in seinem Adressbüchlein eingetragen, zwei waren schon gestorben, aber ihre Adressen waren immer noch drin. Er strich sie durch und setzte ein Kreuzlein davor. Man hatte sich eigentlich immer nur bei den Beerdigungen und Trauerfeiern gesehen; dort fiel gelegentlich der Satz, wieso man sich eigentlich nur treffe, wenn jemand sterbe, man könnte doch auch sonst einmal etwas zusammen machen, und daraufhin passierte gar nichts.

Dass sich Alice über seinen Anruf gefreut hatte, der offenbar in einem wichtigen Moment gekommen war, freute Eduard seinerseits und gab ihm das Gefühl einer gewissen Genugtuung, ähnlich demjenigen, das er jeweils nach dem Abschluss einer Arbeit empfunden hatte. Er nahm das Adressbüchlein in die Hand, ging damit auf die Toilette und schaute nach, ob die Geburtstage der anderen

Cousins und Cousinen auch eingetragen waren. Zu seiner Verwunderung waren alle drin. Das lag sicher am Familiensinn Sibylles, die ihn dazu gedrängt haben musste, denn der Geburtstagskalender war ihre Idee gewesen. Bei dieser Gelegenheit sah er, dass der nächste Geburtstag schon in drei Tagen anstand, es handelte sich um Sibylles älteren Bruder. Auf seinen Zettel schrieb er unter »Do. Alice Blumenstrauss«»Geb. Paul«.

Als er Sibylle am Abend von seinem Anruf bei Alice erzählte, lachte sie und sagte, sie hätte nicht gedacht, dass ihr Geburtstagskalender bei Eduard noch zu Ehren käme. Und ja, der Krebs, ihre Kollegin Helen sei heute nach längerer Zeit wieder zur Arbeit gekommen, mit einer Perücke, sie habe sie zuerst fast nicht erkannt. Dann zählten sie auf, wer in ihrem Familien- und Freundeskreis schon an Krebs gestorben war, und Eduard sagte, wenn der nächste Bettelbrief der Krebsliga in der Post liege, werde er etwas einzahlen.

Am Donnerstagabend sagte Sibylle, als sie nach Hause kam, fast hätte sie vergessen, ihrem Bruder zum Geburtstag zu gratulieren, und das werde sie nun gleich tun. Eduard lächelte und sagte, er habe ihm schon gratuliert, auch in ihrem Namen. Sibylle reagierte etwas verärgert. »Wieso denn das?« fragte sie. Sie habe keinen Zettel geschrieben »Geb. Paul«, antwortete Eduard, und da habe er gedacht, er mache das am besten selbst, damit es nicht vergessen gehe, und im Übrigen habe sich Paul gefreut, sie hätten ein gutes Gespräch gehabt zusammen, unter Pensionierten sozusagen, und sie könne ihn ja ruhig noch selbst anrufen. Das tat sie denn auch, aber Paul hatte kaum Zeit, er sei gerade daran, den Grill im Garten vorzubereiten, und bald kämen ein paar Gäste, die er eingeladen habe, ja, ja, es gehe ihm prima, danke für den Anruf.

»Siehst du«, sagte Eduard, »ist doch gut, dass ich ihm in Ruhe gratulieren konnte.« Sibylle schien nicht besonders glücklich darüber. Es sei sicher gut gemeint, dennoch wäre es ihr lieber, wenn er ihren Verwandten nicht zum Geburtstag gratuliere, bevor sie es selbst getan habe.

Ein paar Tage später fragte Sibylle, wer denn Stefanie sei, die er auf dem Geburtstagskalender für den morgigen Tag eingetragen habe. Eine Schulkameradin, entgegnete Eduard. Letzte Woche sei eine Einladung zu einer Klassenzusammenkunft gekommen, und da sei bei jedem Namen nebst der Adresse auch noch das Geburtsdatum gestanden.

»Und Stefanie war wohl dein Schulschatz?«

Eduard wurde etwas verlegen. »Ja. Mein erster. Mit 8 Jahren.«

»Und du denkst, sie freut sich, wenn du ihr zum Geburtstag gratulierst?«

»Ich hoffe es.«

»Pass mir auf, Edi, alte Liebe rostet nicht.«

Beide lachten.

»Und«, fragte Sibylle am nächsten Tag, »hat sie sich gefreut, deine Stefanie?«

»Natürlich. Eigentlich freuen sich alle, wenn man ihnen zum Geburtstag gratuliert. Sie hat ein ganz schön bewegtes Leben hinter sich.« Und er erzählte von ihren zwei Scheidungen, ihren drei Kindern vom ersten und den zweien vom zweiten Mann, ihren zwei Enkelinnen und ihrer Stelle als Ombudsfrau im Kanton St. Gallen, bis er merkte, dass Sibylle nur mit einem halben Ohr zuhörte.

Sie war erstaunt, als sie in der Folge ein paar neue Namen auf dem Geburtstagskalender fand. Ja, sagte Eduard, das seien diejenigen Schulkameraden aus der Primarschule, an die er sich gut erinnere.

»Du meinst, Schulkameradinnen?« spöttelte Sibylle. Es waren fast nur Mädchennamen.

»Nicht nur. Hanspeter ist jedenfalls kein Mädchenname.«

Mit Hanspeter und Louis zusammen hatte er, als sie in der dritten Klasse waren, eine Art Geheimbund geschlossen. Er war der Nächste, dessen Geburtstag fällig war.

Als sie am Samstag aufbrechen wollten, um sich im Möbelgeschäft neue Küchenstühle anzusehen, sagte Eduard, er müsse noch schnell Hanspeter anrufen. Sibylle, die schon im Regenmantel war, setzte sich und schaute noch etwas in die Zeitung. Nach einer Viertelstunde war sie beim Kulturteil angelangt und ging zu Eduard ins Wohnzimmer, der gerade fragte, wie der Schnellste an der

Kletterstange noch mal geheißen habe in ihrer Klasse, der Kleine mit den Sommersprossen. Richtig, Schneider, das Schneiderlein hätten sie ihn doch genannt, ja, er hänge jetzt auf, er müsse auf eine Einkaufstour, und alles Gute nochmals.

Auf dem Weg zum Möbelgeschäft erzählte er Sibylle im Bus, wie der kleine Schneider einmal beim Schulbesuch eines Kleinzoos gegen einen Affen an der Kletterstange angetreten sei, und wie der Affe oben angekommen sei, bevor Schneider noch zwei Züge machen konnte, und dass er Hanspeter völlig überrascht habe mit seinem Geburtstagsanruf, worauf ihn Sibylle fragte, ob sie nachher noch in der Fischabteilung des Delikatessenladens vorbeigehen wollten.

Ein paar Tage später zeigte ihr Eduard mit verschmitztem Lächeln einen Briefumschlag.

»Weißt du, wer mir geschrieben hat?«

»Nein, wer denn?«

»Regierungsrat Hollenweger.«

Das war sein oberster Vorgesetzter gewesen, als er noch auf dem Steueramt gearbeitet hatte.

»Und warum?«

»Ich habe ihm zum 60. Geburtstag gratuliert, und er hat sich bedankt.«

Sibylle wunderte sich.

»Ich meinte, du hieltest nie besonders viel von ihm.«

»Immerhin kam er zu meiner Abschiedsfeier.«

»Aber trag ihn bitte nicht in den Geburtstagskalender ein, ja?«

»Oh, das hab ich schon getan, doch wenn du willst, radier ich ihn wieder aus.«

»Ja, bitte, er gehört ja weder zur Familie noch zum Freundeskreis. Und zur Schule bist du auch nicht mit ihm gegangen.«

Am nächsten Morgen sah Sibylle beim Blick auf den Geburtstagskalender die ausradierte Stelle. Da Eduard einen starken Bleistift benutzt hatte, war die blasse Schrift immer noch zu erkennen »B. Hollenweger Reg.rat«.

Und beim heutigen Tag stand »Edith Hirschi«.

Sie lasse Edith Hirschi grüßen, sagte Sibylle, bevor sie ging.

»Werde ich tun!« rief Eduard fröhlich, doch es schien ihm, die Tür falle etwas heftiger ins Schloss als sonst.

Wer denn Reto sei, fragte er Sibylle ein paar Tage später. Er hatte den Monat Juni aufgeschlagen und dort beim 3. den Namen gefunden, der ihm gar nichts sagte. Das sei ein alter Schulfreund von ihr, entgegnete Sibylle. Sie könne sich vorstellen, dass er sich auch freuen würde, wenn sie ihm zum Geburtstag gratuliere.

Das sei bestimmt eine gute Idee, sagte Eduard.

Einmal wollte er die langjährige Sekretärin seiner Abteilung eintragen und sah, dass das Feld schon besetzt war. »Giancarlo« stand in so großer Schrift, dass »Marie-Josée« daneben kaum noch Platz fand. Wer Giancarlo sei, fragte er seine Frau. Ihr Dirigent, sagte Sibylle, die in einem Chor mitsang. Eduard war etwas erstaunt. Er habe gar nicht gewusst, dass sie per Du mit ihm sei.

Als Eduard den Namen der Stadtpräsidentin einfügen wollte, weil er überzeugt war, dass sie sich über Glückwünsche aus der Bevölkerung freuen würde, und sah, dass an diesem Tag schon »Armand F.« stand, beschloss er, sich einen eigenen Geburtstagskalender anzulegen. Er holte sich in der Papeterie einen Kalender, auf dem über jedem Monat ein anderer Geburtstagskuchen prangte, schrieb den Kalender aus der Toilette ab, allerdings ohne die Einträge seiner Frau und ohne die selbstverständlichen, die er sowieso im Kopf hatte, und versorgte ihn in der Schreibtischschublade. Wenn Sibylle morgens gegangen war, zog er ihn heraus, schaute nach, welcher Geburtstag demnächst bevorstand, überlegte sich, ob ein Brief oder ein Telefonanruf angemessener sei und versicherte sich, dass er die Telefonnummer oder die entsprechende Adresse besaß. Nach dem Brief des Regierungsrats hatte er damit begonnen, den Mitgliedern der Kantonsregierung, aber auch denjenigen der Landesregierung zum Geburtstag zu gratulieren. Diese Menschen, sagte er einmal zu Sibylle, seien viel einsamer, als wir es uns vorstellten, gerade weil sie ständig von anderen Menschen umringt seien, die ja nur an ihnen als Amtsträger interessiert seien. Er hatte ihr den Dankesbrief eines Bundesrats gezeigt. Das sei doch ein unverbindlicher Floskeltext, bei dem nur der Name des Adressaten ausgewechselt werden müsse, meinte Sibylle, worauf Eduard sagte, immerhin seien seine Geburtstagswünsche angekommen.

Wie es eigentlich seiner Tonträgersammlung gehe, fragte sie ihn daraufhin.

Er habe sich, sagte Eduard, für eine alphabetische Lösung entschieden und sei jetzt beim Buchstaben B, der natürlich mit Namen wie Bach, Beethoven, Brahms stärker bestückt sei als A. Mit den Oboenkonzerten von Albinoni sie er ziemlich rasch durch gewesen, obwohl er sich schwergetan habe, die zwei Kassetten wegzuwerfen, die er auch als CD habe. Er wisse nur noch nicht, ob er bei Bach die Reihenfolge nach dem Bach-Werkverzeichnis oder ebenfalls nach Alphabet machen solle, je nachdem kämen dann die Brandenburgischen Konzerte vor allen Kantaten, was zwar einfacher wäre, aber chronologisch nicht stimmen würde. Nein, nein, ihre französischen Chansons werde er nicht anrühren, das sei ja so abgemacht.

Tatsache war jedoch, dass seine Hauptsorgfalt immer weniger dem Ordnen seiner Tonträger galt, sondern vielmehr dem Verfassen von Geburtstagsbriefen. Eine Verbindung der beiden Gebiete ergab sich allerdings dadurch, dass er begann, auch berühmte Solisten in seine Geburtstagspost einzubeziehen. Gerade bei diesen war es nicht einfach, eine Adresse herauszufinden, unter welcher sie erreichbar waren, und er schickte dann hin und wieder eine

E-Mail an ihre Agentur mit der Bitte um Weiterleitung, obwohl ihm das eigentlich zu formlos vorkam. Wichtig waren ihm auch die Formulierungen. Gerade seit Sibylle den Bundesrat eines Normbriefs verdächtigt hatte, bemühte er sich, seine Briefe nicht immer gleich zu gestalten. Schon der Anfangssatz »Sie wundern sich vielleicht, von einem unbekannten Menschen einen Brief zu erhalten« ließ viele Modulationen zu wie »Es erstaunt Sie vielleicht …«, »Es mag Sie erstaunen …«, »Bestimmt verwundert es Sie, dass …«, »Sie fragen sich möglicherweise …« und wenn er zu den Wünschen kam, bemühte er sich stets, über »alles Gute« hinauszugehen, indem er etwa einem Regierenden schrieb, er wünsche ihm weiterhin viel Freude bei der sicher nicht immer leichten Arbeit. Bei der Gratulation für den Wirtschaftsminister des Landes fügte er nach einem ähnlichen Satz in Klammern die etwas gewagte Ergänzung hinzu: »Ich war 30 Jahre lang Steuerbeamter und weiß, wovon ich spreche.« Der Entschluss, diese Klammer anzufügen, hatte ihn fast einen Nachmittag gekostet. Mal kam es ihm anbiedernd vor, dann fand er wieder, gerade diese persönliche Notiz könnte dem Minister gefallen.

Eher leichter fiel es ihm, Bezüge zur Tätigkeit der Solisten oder Solistinnen einzuflechten. »Mögen Sie sich weiterhin so leichtfüßig durch das Weltrepertoire spielen wie bisher« schrieb er einer Geigerin, die bei ihren Konzerten barfuß auftrat, um ihre Verbundenheit mit der Erde zu zeigen, oder einem berühmten Pianisten wünschte er »das Glück, noch oft das Klavierkonzert KV 595 von Mozart so meisterhaft aufführen zu können wie auf Ihrer CD mit den Wiener Philharmonikern, die meine Plattensammlung krönt«.

Zu seinem Erstaunen bedankten sich die meisten der Angeschriebenen für seine Wünsche, was er Sibylle jeweils mit einer gewissen Feierlichkeit mitteilte. »Weißt du, wer mir heute geschrieben hat?« pflegte er sie dann zu fragen, und als sie einmal mit einem Scherz antwortete: »Der heilige Sebastian?«, sagte er leicht pikiert: »Der Bundespräsident«, und hielt ihr den Umschlag hin, auf dem neben seinem Namen, Eduard Frehner, und seiner Adresse als Absender unter einem Schweizer Wappen in Prägeschrift stand »Der Bundespräsident der Schweizerischen Eidgenossenschaft«. Sibylle zeigte sich weniger beeindruckt, als sich Eduard das gewünscht hätte.

»Na«, sagte sie bloß, »da hast du dir ja einen neuen Beruf ausgewählt.«

»Was für einen?«

»Gratulant.«

Eduard lachte.

»Ich bin erst in der Ausbildung.«

»Und wann machst du dein Gesellenstück?«

Sibylles Frage, so ironisch sie klang, ging Eduard so lange nach, bis er eine Antwort darauf gefunden hatte.

Sein Gesellenstück sollte ein Geburtstagsbrief für den

Papst werden, und er wollte seine Frau damit überraschen. Das Spötteln würde ihr bestimmt vergehen, wenn er ihr eine Antwort direkt vom Heiligen Stuhl vorweisen konnte. Als er diesen Vorsatz fasste, war es Anfang Dezember, deshalb musste er sich sputen, denn Papst Franziskus hatte am 17. Dezember Geburtstag. Es galt, Entscheide zu fällen, etwa in welcher Sprache er den Brief schreiben sollte. Er beschloss, ihn zuerst auf Deutsch abzufassen und dann ins Italienische zu übersetzen, so gut er konnte, und danach einer Schulkollegin aus der Gymnasialzeit vorzulegen, die Italienischlehrerin geworden war. Die Frage der richtigen Anrede war die erste Knacknuss.»Ihre Heiligkeit …«?»Sua santità …«? Oder einfach»Lieber Papst Franziskus …«?»Caro Papa Francesco …«? Oder sogar»Mein lieber Papst Franziskus …«? Das entspräche vielleicht der volkstümlichen Art des Pontifex, der sich gerne als ganz normaler Mensch gab. Aber Eduard war ja gar nicht katholisch. Oder mindestens»Verehrter …«? Ob er ihn wirklich verehrte, war zweitrangig, es ging um die richtige Form. Oder alles zusammen,»Ihre Heiligkeit, verehrter, lieber Papst Franziskus …«? Und was wünschte man einem Würdenträger wie ihm?»Viel Freude bei der sicher nicht immer leichten Arbeit«? Das klang eher etwas zu weltlich.»Möge Gott Ihnen beistehen, die Fülle der Verantwortung Ihres hohen Amtes zu tragen«? Nicht nur, dass Eduard nicht katholisch war, er glaubte nicht einmal an Gott. Doch hier ging es um das, was der Papst glaubte. Er würde den

Präsidenten der katholischen Kirchgemeinde anrufen, der einige Male wegen der Steuern bei ihm gewesen war, vielleicht konnte der ihn beraten. Auch die korrekte Adresse musste herausgefunden werden, »Papa Francesco, Città del Vaticano« würde wohl nicht ganz genügen, damit der Brief wirklich ernst genommen wurde.

Als er nach drei Tagen intensiver Arbeit und verschiedensten Telefonaten und E-Mails das Gratulationsschreiben am frühen Abend ins Reine schrieb, klingelte das Telefon.

Es war Sibylle, die ihm sagte, sie sitze mit Reto in einem Restaurant in Chur, sie seien gerade beim Apero, und sie wisse nicht, ob sie noch nach Hause komme.

Eduard erschrak.

»Mit Reto?«

»Ja. Er hat mich eingeladen.«

»Aha. Wie kommt er denn dazu?«

»Er möchte mir gratulieren. Ich habe heute Geburtstag.«

Das weiße Spitzchen

Seine Frau hatte ihn gewarnt.

Seine Tochter hatte ihn gewarnt.

Seine Freunde hatten ihn gewarnt.

Selbst ich, der Autor, hatte ihn gewarnt.

Es hatte nichts genützt.

Henri Martin, französisch ausgesprochen, zweimal nasal, Direktor einer großen Krankenkasse, war in Visp umgestiegen und saß nun in Bergsteigerausrüstung mit einem Eispickel auf den Knien im Zug nach Zermatt. Wie war es dazu gekommen?

Bei der Maturitätsfeier seiner Tochter hatte der Rektor über das Thema »Aufbruch« gesprochen. Ein Saxofonspieler hatte danach, von einem Pianisten und einem Kontrabassisten begleitet, seine Maturaarbeit vorgetragen, eine brillante Eigenkomposition, die er »Let's go« nannte, und dann hatte Henris Tochter Juliette ein Gedicht von Conrad Ferdinand Meyer rezitiert, das mit den Worten beginnt:

»Ein blendendes Spitzchen blickt über den Wald«

und mit den Versen endet:

»Das Spitzchen, es ruft mich, sobald ich erwacht,
Am Mittag, am Abend, im Traum noch der Nacht.

So komm ich denn morgen, nun lass mich in Ruh!
Erst schließ ich die Bücher, die Schreine noch zu.

Leis wandelt in Lüften ein Herdegeläut:
»Lass offen die Truhen, komm lieber noch heut!«

Als seine Frau lächelnd zu ihm blickte, um den Stolz über ihre Tochter mit ihm zu teilen, sah sie, dass ihm die Tränen über das Gesicht liefen.

Beim Abendessen fragte sie ihn, was ihn so gerührt habe. Noch nie hatte sie ihn weinen sehen, weder beim Tod seiner Mutter noch beim Tod seines Vaters.

Henri sagte nichts.

Es habe sie natürlich auch bewegt, dass ihre Tochter so schön vorgelesen habe, und vor allem dass sie nun mit der Schule zu Ende sei und dass damit auch für sie als Eltern ein Lebensabschnitt zu Ende gehe; und dass Juliette jetzt nach Bolivien verreisen werde, um Spanisch zu lernen, mache sie selber auch etwas melancholisch, fuhr seine Frau fort, in der Erwartung, dass Henri das Angebot ihrer eigenen Rührung annehme und ihr etwas über seine Gefühle erzähle.

Henri sagte nichts.

Ob es Juliettes schauspielerische Fähigkeiten gewesen seien? Die Eindringlichkeit ihres Vortrags? Ihre Jugend?

Henri schüttelte den Kopf und trank einen Schluck Wein.

»Das Gedicht«, sagte er dann.

Das Gedicht? Wirklich?

Ja, das Gedicht. Er habe das weiße Spitzchen sofort erkannt.

Wie das?

Das Weisshorn. Das Walliser Weisshorn.

Ob das nicht einfach ein poetisches Bild sei?

Für den Dichter vielleicht, aber nicht für ihn. Er sei in seiner Jugend oft mit den Eltern im Goms in den Sommerferien gewesen, und jedes Mal, wenn er das Spitzchen des Weisshorns gesehen habe, sei der Wunsch in ihm aufgestiegen, dort hinaufzugehen. Heute sei dieser Gipfel in den Versen plötzlich wieder erschienen, und er habe gemerkt, dass sein halbes Leben vorbeigegangen sei und er etwas Wesentliches verpasst habe.

Aber sie seien doch wandern gegangen, in den Bergen, in Griechenland, in den Cinque Terre.

Wandern, ja, aber das seien keine Gipfel. Früher, als Student, sei er gern in die Berge gegangen, aber als Juliette zur Welt gekommen sei, sei er ängstlich geworden, habe seine Verantwortung als Familienvater gespürt und das Bergsteigen aufgegeben. Doch heute, bei diesem Gedicht, habe er das Gefühl gehabt, ein Wolkenvorhang sei aufgerissen worden, und dahinter habe ihn das Weisshorn angeschaut, als warte es immer noch auf ihn.

»Kannst du das verstehen, Christiane?«

Christiane konnte das durchaus verstehen, aber der Ton von Leidenschaft, der in Henris Worten mitschwang, war ihr unheimlich, denn sie hatte ihn noch nie gehört.

Am nächsten Tag kam Henri früher von der Arbeit zurück und setzte sich eine ganze Stunde auf den Hometrainer.

»Oh«, sagte Christiane, als sie nach Hause kam und ihn schweißnass in die Pedalen treten sah, »du trainierst?«

»Ja«, sagte Henri keuchend, »bin im Aufstieg.«

Ob er also wieder in die Berge wolle, fragte ihn seine Frau, als er frisch geduscht im Bademantel in der Wohnküche erschien.

»Erraten«, sagte Henri.

Aber nicht etwa aufs Weisshorn?

Warum nicht?

Er sei doch jahrelang nicht mehr in die Berge gegangen.

Höchste Zeit für einen Wechsel, meinte Henri, und fügte hinzu, morgen, Samstag werde er auf die Schwägalp fahren und den Säntis besteigen, um zu sehen, wie ihm 1200 Höhenmeter bekämen.

Aber am Abend wollten sie doch ins Kino, das sei eigentlich abgemacht? Das sollte kein Problem sein, sagte Henri und lachte, im Gegenteil, das gebe eine klare zeitliche Vorgabe.

Um fünf Uhr morgens setzte er sich in sein Auto, und um sieben Uhr marschierte er von der Schwägalp aus los, auf dem Pfad zum Fuß der ersten großen Felspartie. Er trug seine alten Bergschuhe, die er vom Dachboden heruntergeholt hatte, zusammen mit seinen Wanderhosen, und unterstützte seinen Gang mit zwei Teleskopstöcken. Er ermahnte sich selbst, den Aufstieg nicht allzu forsch anzupacken, sondern seinen eigenen Rhythmus zu finden, war aber doch jedes Mal etwas irritiert, wenn ihn andere Wanderer überholten, vor allem eine Gruppe von jüngeren Frauen, die ohne sichtliche Zeichen von Anstrengung an ihm vorbeizogen und ihn fröhlich und achtungsvoll grüßten wie einen rüstigen Rentner.

Er selbst holte nie jemanden ein, der vor ihm ging.

Nach einer Stunde machte er eine erste Rast, trank ein paar Schlucke Wasser aus seiner PET-Flasche und ließ sich zwei Stück Traubenzucker auf der Zunge zergehen.

Die Tierwieshütte, die etwas später am Horizont erschien, eingeklemmt auf einer engen Passhöhe, wollte lange nicht näher rücken, er erreichte sie dreieinhalb Stunden nach seinem Aufbruch, auf dem Wegweiser war zweieinhalb Stunden gestanden. Er trank in der altertümlichen Stube einen Milchkaffee, wechselte sein durchnässtes

T-Shirt gegen ein trockenes aus, das er im Rucksack hatte, setzte sich aus seiner Wanderapotheke ein Druckpflaster auf den rechten Knöchel, der sich trotz seiner gepolsterten Socken an seinem Bergschuh rieb, strich sich mit Sonnencrème ein, schleckte nochmals ein paar Traubenzuckerstücke und brach nach einer halben Stunde wieder auf.

Bis jetzt war er im Schatten gegangen, von nun an war er der Sonne ausgesetzt, die immer stärker schien, es war Ende Juni, und die Temperaturen höher als sonst zu dieser Jahreszeit. Einige übrig gebliebene Schneefelder, die es zu durchqueren galt, reflektierten Sonnenlicht und Wärme, er geriet zunehmend ins Keuchen und musste immer wieder stehen bleiben, um, auf seine Stöcke gestützt, Atem zu holen. Die Flasche mit dem Wasser hatte er ausgetrunken.

Über ihm schwebte im Stundentakt die Seilbahn auf den Gipfel zu, der seit der Hütte ständig zu sehen war. Die Aussicht wurde immer umfassender, die ganze Alpenreihe tat sich auf, das Mittelland lag im Dunst unter ihm, von der letzten Lücke vor dem Schlussanstieg aus war auch der Bodensee zu sehen, und doch nahm er den Anblick nur flüchtig wahr, denn sein Blick war hauptsächlich auf den Boden gerichtet, zuletzt waren Stufen in den Fels gehauen, er umklammerte beide Stöcke mit einer Hand und hielt sich mit der andern an der Kette neben dem immer steileren Weg fest.

Als er zuerst die Seilbahnstation erreichte und danach

mitten unter den Touristen die wenigen Meter bis zum Gipfel zurücklegte, war zwei Uhr vorbei, wieder war er fast eine Stunde langsamer gewesen als vorgesehen, und für sein feuchtes T-Shirt hatte er keinen Ersatz mehr.

Hinunter fuhr er mit der Schwebebahn, aß auf der Fahrt ein Sandwich aus der Selbstbedienung und trank eine Schorle aus.

Zu Hause angelangt, duschte er sich und legte sich kurz hin, bis ihn seine Frau weckte und sagte, es sei Zeit fürs Kino. Mit Schwung erhob er sich und hatte einen Moment das Gefühl, in seinen Unterschenkeln sei ein Feuer entbrannt. Christianes Angebot, zu Hause zu bleiben und Spaghetti zu essen, lehnte er ab, obwohl er nichts lieber getan hätte. Sie aßen dann auswärts eine Pizza, zu der er zwei Gläser Bier trank, und sahen sich danach einen französischen Film an, den er nur verschwommen wahrnahm, weil ihm immer wieder die Augen zufielen.

Am Sonntag luden sie ihre Tochter zu einem Abschiedsessen ein. Ob er Hüftprobleme habe, fragte Juliette ihren Vater, als er mit ihr vom Eingang die Treppe hochging.

Ein kleiner Muskelkater sei es bloß, antwortete er, gestern habe er den Säntis bestiegen.

»Was? Den Säntis? Du?«

Als er ihr sagte, er bereite sich auf das Weisshorn im Wallis vor, erschrak sie.

Das sei doch eine Hochtour.

Natürlich, er nehme einen Führer.

Aber gehen müsse er selber.

Deshalb trainiere er ja.

Als er beim Nachtessen bekanntgab, er wolle die Tour in zwei Wochen machen, gleich zu Beginn der Ferien, sprachen ihm Juliette und Christiane zu, er solle noch ein Jahr warten, sich diesen Sommer gut einlaufen und vielleicht zwei, drei Berge besteigen, die weniger anspruchsvoll seien. So lange könne er nicht warten, entgegnete Henri, im Gedicht, das Juliette vorgetragen habe, rufe der Berg doch:»Komm lieber noch heut!«

In der kleinen Männerrunde, die sich jeden Freitag traf, sprachen sie von ihren Sommerplänen, und Henri erzählte von seinem Vorhaben. Das Erstaunen seiner Freunde war groß. Wie hoch das Weisshorn sei, fragte einer. 4505 Meter, antwortete Henri, und er freue sich schon auf die letzten fünf Meter. Wann er denn das letzte Mal einen Viertausender bestiegen habe, fragte ein anderer, und er sagte, vor gut zwanzig Jahren, das Weissmies, auch im Wallis, und es komme ja vor allem drauf an, ob man die Höhendifferenz bewältige, deshalb sei er auf dem Säntis gewesen und gehe morgen auf den Gonzen, das seien 1350 Meter hinauf, und ebenso viele wieder hinunter, und wenn das gut gehe, sei er gerüstet und werde in Zermatt einen Bergführer engagieren. Er solle die Höhe nicht unterschätzen, ermahnte ihn ein Arzt, und die Tour auf keinen Fall machen, wenn er zum Beispiel einen Schnupfen oder eine Erkältung habe, ein Höhenödem sei keine

44

leichte Sache, oder ob er nicht mit einem leichteren Berg beginnen wolle, er sei vor ein paar Jahren mit seiner Frau auf dem Allalinhorn bei Saas-Fee gewesen, das sei sehr gut zu machen, und da gebe es geführte Gruppentouren. Er wisse auch nicht, warum, sagte Henri, aber in ihm sei plötzlich eine alte Sehnsucht wieder erwacht, ein Bubentraum wahrscheinlich. Seine Freunde verabschiedeten sich mit Händedrücken, die stärker waren als sonst, wünschten ihm alles Gute und schauten ihn dabei mit ernsten Blicken an.

Am nächsten Morgen stieg er um sechs Uhr in Sargans aus seinem Wagen und marschierte auf die Steilwand des Gonzen zu. Sein Rucksack war schwerer als das letzte Mal, er hatte eine Anderthalbliterflasche Mineralwasser bei sich, Brot, Käse und Früchte als Proviant, zwei T-Shirts zum Wechseln mit einem Frottiertuch, und die Windjacke hatte er von Anfang an aufgeschnallt. Den Muskelkater vom Säntis hatte er mit DUL-X und Voltaren erfolgreich besänftigt, und er kam gut voran. Er hatte sich ein Taschenmesser mit Altimeter gekauft und stellte nach einer Stunde zufrieden fest, dass er die 300 Höhenmeter geschafft hatte, die von einem Berggänger erwartet wurden.

Am Gonzen hatte man während Jahrhunderten Erz abgebaut. Eine der Spuren davon war, mitten im Wald, eine Kapelle für die 14 Nothelfer. Sie war geöffnet, Henri betrat sie, und obwohl er nicht religiös war, zog er seine Mütze vom Kopf und verneigte sich, setzte sich kurz auf eine Kirchenbank und bat in Gedanken einen der Nothelfer, ihn zu begleiten. Oder eine Nothelferin? War nicht Barbara die Schutzpatronin der Bergleute? Vielleicht war sie heute für ihn abkömmlich, die Felswand weiter oben sah erschreckend unzugänglich aus.

Sie erwies sich aber als gangbar. An alten Stolleneingängen vorbei, vor deren Betreten Verbotstafeln warnten, gelangte er zu mehreren Leitern, die in eine Scharte zum Grat hinaufführten, von dort in einen Wald hinein, durch den man den Gipfel erreichen konnte. Als er über die Leitersprossen höher stieg, meldete sich bei jeder Belastung der Schmerz in den Unterschenkeln wieder und ging auch beim Weitergehen auf dem Wanderweg nicht mehr ganz weg.

Um halb zwölf Uhr stand Henri auf dem Gipfel. In seiner PET-Flasche war nur noch ein kleiner Rest Wasser verblieben, den Pfirsich und die zwei Aprikosen hatte er bei den Zwischenhalten schon gegessen, und nun schnitt er sich eine Scheibe Brot und ein Stück Käse ab. Dazu trank er die letzten Schlucke. Weiter unten gab es dort, wo er abzusteigen gedachte, eine Alphütte, die Getränke anbot.

Beim Abstieg ins Rheintal begann es im linken Knie zu stechen, auch meldeten sich die Muskeln seiner Oberschenkel, je weiter es bergab ging. Drei Stunden später stand er auf dem Parkplatz vor dem Bahnhof Sargans, öffnete die Hecktür und zog seine Bergschuhe aus. Er rieb sich den rechten Knöchel, der ihn trotz des Druckpflasters juckte, zog sich Sandalen an und trank dann im Bahnhofimbiss ein alkoholfreies Bier, bevor er sich in den Wagen setzte und nach Hause fuhr.

Beim sonntäglichen Waldspaziergang, auf dem Christiane beharrte, versuchte er sich nichts anmerken zu lassen, stellte sich einfach vor, er gehe am Tag nach der Besteigung von der Hütte ins Tal hinunter, und das Stechen im Knie, das nicht verschwinden wollte, sowie das ständige Brennen in beiden Beinen sei der Preis, den man eben für ein großartiges Erlebnis entrichten müsse. Den Aussichtsturm dürfe Christiane gerne allein ersteigen, sagte Henri und setzte sich auf eine Bank im Schatten der Waldlichtung.

»Aha«, sagte sie, »die Bergsteiger wollen nur auf die ganz großen Türme«, und ging mühelos die Wendeltreppe hoch. Am Abend verbreitete sich aus dem Badezimmer der scharfe Geruch eines Muskelbades in der ganzen Wohnung.

Am Montag rief er beim *Alpin Center* Zermatt an und erfuhr dort, dass in der nächsten Woche wahrscheinlich kein Bergführer auf das Weisshorn gehe, da noch zuviel Schnee läge. Für den Fall, dass die Bedingungen übernächste Woche gut seien, könne man ihn auf eine Warteliste nehmen, wollte aber genau Bescheid wissen über seine Erfahrung am Berg. Henri sagte, er melde sich wieder, und hängte auf.

Das war ärgerlich. Übernächste Woche würde er mit

Christiane in die Bretagne fahren, wo Freunde von ihr ein Ferienhaus besaßen, das war schon lange so besprochen und abgemacht, man hatte das Haus extra für sie frei gehalten. Aber vor die Meereslandschaft schob sich in seinen Gedanken das blendende Spitzchen des Weisshorns und ließ die Brandung des Atlantiks, die sich an den bretonischen Steilküsten brach, verblassen.

Am Abend gab er Christiane seinen Entschluss bekannt, gleich zu Beginn der nächsten Woche ins Wallis zu fahren, um dort einen Führer für seine große Tour zu finden, und übernächste Woche könnten sie dann wie geplant in die Bretagne. Christiane sagte, sie hoffe einfach, dass ihn der Führer zuerst auf Herz und Nieren prüfe, ob er der Besteigung gewachsen sei, und Henri beruhigte sie, das seien alles Profis dort und die wüssten schon, was angezeigt sei.

Er kaufte sich in einer Apotheke zwei Knieschoner, die für einen Eishockeytorhüter gut genug gewesen wären, trainierte jeden Abend eine Stunde auf seinem Hometrainer, und so kam es, dass er am nächsten Samstag in Bergsteigerausrüstung mit einem Eispickel auf den Knien im Zug nach Zermatt saß.

Er quartierte sich im erstbesten Hotel in Bahnhofsnähe ein und ging dann ins *Alpin Center*, das eher einem Chalet glich als einem Center, um sich zu erkundigen, wie es mit dem Weisshorn aussehe. Der Bescheid war unverändert. Zur Zeit wolle kein Führer gehen, er solle gegen Ende der Woche nochmals fragen. Henri insistierte. Dann sei er nicht mehr da, und der Wetterbericht für die nächsten Tage sei doch gut. Es habe, sagte die Frau, die ihm Auskunft gab, letzte Woche erneut kräftig geschneit. Was hier unten als Regen falle, falle eben dort oben als Schnee, und wenn man bis zu den Knien einsinke, schaffe man es nicht bis auf den Gipfel. Ob er nicht einen anderen Berg machen möchte, den Pollux vielleicht vom kleinen Matterhorn aus, oder das Breithorn, auch der Monte Rosa sei gangbar, da die Spur über den Gletscher sehr gut sei.

Henri sagte, er müsse es sich überlegen und setzte sich einen Moment auf einen der Stühle im Wartebereich.

»Josi, gut, dass du vorbeikommst«, rief eine andere Frau hinter einem Computer, als ein langer Bursche den Raum betrat, »die Spaghettitour ist abgesagt!«

»Was? Wieso?«

»Einer ist krank geworden, und der andere will nicht allein gehen.«

Der Lange war sichtlich enttäuscht, sagte, er habe damit gerechnet und fragte dann, ob niemand sonst einen Aspiranten brauche.

Während zwei Japaner nach dem Matterhorn fragten, stand Henri auf und verließ das Büro. Draußen wurde gerade mit viel Glockengeklingel eine Ziegenherde durchs Dorf getrieben, damit die Touristen das Gefühl hatten, sie seien in einem Bergdorf. Als der Lange zur Tür herauskam, sprach ihn Henri an.

Am nächsten Tag brachen Josi und Henri vom Bahnhof

Randa aus zur Weisshornhütte auf. Josi war Bergführer-Aspirant und brauchte bis zu seinem Abschlusskurs noch dringend zwei Touren, deshalb kam ihm das Weisshorn gelegen. Allerdings hatte auch er Henri gewarnt, es sei möglich, dass sie umkehren müssten. Er hatte sich seine Bergausrüstung angeschaut und war mit ihm neue Steigeisen kaufen gegangen. Am liebsten wären ihm auch neue Bergschuhe gewesen, da das Profil nicht mehr einwandfrei war, aber die hätte man zuerst einlaufen müssen.

»4 ½ h« stand auf dem Wegweiser, und Henri versuchte das Tempo zu halten, das Josi anschlug, bat ihn aber nach einer Weile, etwas langsamer zu gehen. Jede Stunde machten sie einen kurzen Marschhalt, und Henri musste aufpassen, dass er seine PET-Flasche nicht leer trank, bevor sie angekommen waren.

Nach fünfeinhalb Stunden langten sie in der Hütte an, und Henri begab sich, nachdem er einen Pfefferminztee getrunken hatte, auf das ihm zugewiesene Nachtlager und verfiel in einen tiefen Nachmittagsschlaf, aus dem er erst gegen Abend wieder erwachte.

Vom Hüttenwart hatte Josi erfahren, dass gestern zwei Partien wieder umgekehrt waren, dass aber jetzt eine Dreierseilschaft zurückerwartet werde, die am Morgen aufgebrochen war. Außer ihnen war niemand da, der am morgigen Tag auf den Gipfel wollte.

Josi besprach sich mit Henri. Natürlich war ihm nicht entgangen, dass sein Gast Mühe hatte mit dem Tempo und dass er viel trinken musste. Er solle sich eine Anderthalbliterflasche Tee mitgeben lassen, er selbst werde für ihn zusätzlich anderthalb Liter einpacken, und etwa zwei Stunden oberhalb der Hütte werde er noch einmal einen Liter Eistee für den Abstieg deponieren. Wenn sie Glück hätten, habe die Seilschaft den Gipfel erreicht und für sie gespurt, aber dass sie zwei es wirklich schafften, könne er ihm nicht garantieren.

Nach dem Nachtessen, zu dem er etwas Rotwein getrunken hatte, legte sich Henri zum Schlafen nieder und hörte noch, wie die drei Bergsteiger eintrafen. Es schien ihm, er höre den Hüttenwart »Gratuliere!« sagen, dann schlief er ein und erwachte um Mitternacht wieder. Er ging kurz zur Toilette, legte sich wieder hin und konnte nicht mehr einschlafen. Die Angst stieg in ihm auf. Ob er sich nicht zuviel zumutete? Was hatte ihn hier hinaufgetrieben? Konnte man die Verwirklichung eines Bubentraums erzwingen? Weiter hinten schnarchte einer der drei Gipfelstürmer.

Um halb zwei rüttelte Josi an seiner Schulter, offenbar war er doch nochmals eingenickt. Henri solle Tee zum Frühstück trinken, ermahnte ihn Josi, da bleibe die Flüssigkeit länger im Körper als beim Kaffee.

Mit Mühe brachte er ein Stück Brot mit Butter und Vierfruchtkonfitüre hinunter, trank dazu zwei Tassen Tee, und dann brachen sie im Schein ihrer Stirnlampen auf. Der Sternenhimmel flackerte unwahrscheinlich, der große

Wagen, das einzige Sternbild, das Henri kannte, versank hinter der Silhouette der Alpenkette.

Henri wusste, dass das Programm unerbittlich war und war bereit, sich dem zu fügen, er blickte vor allem auf die Schuhe seines Bergführers, zuerst im Aufstieg durch das Geröll, und auch nach dem Anseilen auf dem Gletscher, wo das Knirschen der Schritte einen Taktschlag vorgab. Du musst gehen, sagte er sich, du musst einfach gehen, sonst nichts, am Mittag, am Abend, im Traum noch der Nacht. Und er ging hinter der langen Gestalt her in die Höhe, halb schlafend fast, doch seine Beine erwachten, die Oberschenkel zuerst, dann die Unterschenkel, sie weckten das linke Knie, das sich mit einem Pochen unter dem Knieschoner bemerkbar machte, Henri nahm sich vor, den Schmerz als Begleiter willkommen zu heißen, als etwas, das dazu gehört, wenn das Spitzchen ruft, er hörte die Stimme des Langen vor sich wie von Weitem sagen, sie seien gut unterwegs, als ihn die ersten Sonnenstrahlen trafen, er kletterte, wenn man klettern musste, er ließ sich die Steigeisen anschnallen, wenn es steile Firnflanken zu überwinden galt, er fror an den Händen, schwitzte aber unter der Windjacke, wusste, dass er keine T-Shirts auswechseln konnte, trank vorsichtig aus der PET-Flasche, wenn sie rasteten, biss in einen Früchteriegel, den er nur zur Hälfte schlucken konnte.

»Himmelsherold!« rief Josi und zeigte auf ein blaues Pflänzchen, das aus einer Felsspalte wuchs. »So hoch?«, fragte Henri. »Ja, die wachsen bis 3700 Meter«, sagte sein Aspirant. Was für ein Wort, dachte Henri, Aspirant, eine Mischung aus Hoffnung und Aspirin, und Himmelsherold, ich will nicht in den Himmel, ich will zum Gipfel, aber da fehlen noch 800 Höhenmeter vom blauen Blümchen bis zum Gipfel, und was soll die Gedenktafel für die drei Verunfallten auf diesem Felsen, der doch gar nicht besonders gefährlich aussieht, und wieso lässt das Feuer nicht nach in den Beinen, und die Kniekehle beginnt aufzuschürfen unter dem Eishockeyschoner, und Juliette, seine Tochter, seine schöne Tochter mit der schönen Stimme, ist in Cochabamba, komm lieber noch heut, ruft sie, lässt das Buch mit dem Gedicht sinken und schaut ihn mit ihren schönen Augen an, die Schuhe sind doch nicht genügend imprägniert und lassen Nässe durch, das wird Blasen geben an den Füßen, der Knöchel ist auch wieder da.

»Geht's noch?« fragt die Stimme von vorn.

»Klar!«, ruft er überlaut zurück, damit er weiß, dass er selber es ist, der da geht und keucht, und nicht ein anderer, und immer wieder stehen bleiben, trinken, eine Dörrfrucht essen, frieren, schwitzen, klettern, sich ziehen lassen vom Aspiranten, die Krallen an den Füßen ins Eis schlagen, und steigen und steigen, jetzt wird der Schnee höher, oder tiefer, die Spur der Gestrigen hilft, trotzdem wird es mühsamer, es reicht, ruft eine Stimme in seinem Kopf, nein, antwortet eine andere Stimme, du bist verrückt, ruft die Stimme, ja, antwortet die andere Stimme, ja, ich bin verrückt, ich schule mich gerade um zum Himmelsherold, die Beine gebe ich nachher der Krankenkasse ab, zusammen mit dem linken Knie, pass auf, sagt die Stimme außerhalb seines Kopfes, dort oben kommt der Gipfel, und Henri kann es fast nicht glauben, der letzte Aufschwung durch hüfthohen Schnee, Schritt um Schritt, bald kommen die letzten fünf Meter, auf die er sich am Stammtisch gefreut hat, er sinkt ein und um, der Aspirant schleppt ihn hoch zu den Wolken, ein Schlepper ist er, ein Himmelsschlepper, und oben empfängt ihn ein gekreuzigter Jesus, und Josi schlingt das Seil ums Kreuz, schüttelt Henri die Hand, »Gratuliere!«, und sein Gast sinkt in die Knie, hält sich an ihm fest und weint vor Freude. Dann trinkt er, schaut um sich, hört Josi »die Mischabelgruppe« sagen, er trinkt, »das Matterhorn, das Zinalrothorn, der Mont Blanc«, er trinkt, bis Josi »aufpassen« sagt, »wir sind spät dran, wir müssen bald wieder hinunter«, und das Wort »hinunter« trifft ihn wie ein Faustschlag, daran hat er gar nicht mehr gedacht, dass er auch wieder hinuntermuss, er wollte nur hinauf, hinauf zum weißen Spitzchen, und jetzt ist er da, und jetzt ist er glücklich wie noch nie im Leben, aber Josi macht schnell ein Foto von ihm und schickt ihn dann voran, mehr als 1500 Meter müssen seine nassen Füße, seine kalten Hände, seine schmerzenden Schenkel und sein stechendes Knie in die Tiefe hinunter, und wir alle wissen, dass das nicht gut herauskommen kann, wir wissen es aus der Literatur, dass keine dieser Geschichten gut endet, die Frage ist nur, wann und wie der Sturz erfolgt oder der Zusammenbruch, auch ich, der Autor, hatte ihn eigentlich vorgesehen, hatte sogar einen Wetterumschlag mit Blitz, Donner und Schneesturm bereit, und bin nun ebenso überrascht wie Sie, dass nachts um elf Uhr zwei erschöpfte Männer die Weisshornhütte betreten und sich einer davon an einen Tisch setzt und murmelt: »Ich bin glücklich!«, sich dann auf eine Bank legt und sofort so tief einschläft, dass ihn der Hüttenwart und der Aspirant, der soeben zum Bergführer geworden ist, auf das Matratzenlager tragen müssen.

Der Tisch

Das Restaurant lag an einer der zahlreichen Passstraßen in den Schweizer Alpen. Ich war etwa zwölf Jahre alt, als mein Onkel meine ältere Schwester und mich auf eine Autofahrt durch die Schweiz einlud und mit uns in diesem Restaurant einkehrte. Als er sich an einen Ecktisch setzen wollte, von dem man einen schönen Blick auf das Tal hatte, sagte die Wirtin, eine leicht gebeugte, weißhaarige Frau, der Tisch sei besetzt, und wies auf ein geschnitztes hölzernes Täfelchen hin, auf dem das Wort RESERVIERT eingekerbt war, flankiert von zwei Alpenrosen in roter Farbe. »Sicher?« fragte mein Onkel, und die Wirtin sagte, so sei es, und wies uns an einen andern Tisch, der an der Wand unter einem Hirschgeweih stand. Wir aßen dort eine Bratwurst mit Pommes frites, meine Schwester und ich gut gelaunt, da es so etwas bei uns zu Hause nie gab, mein Onkel etwas verstimmt. Als er bezahlte, sagte er zur Wirtin, der reservierte Tisch sei aber frei geblieben. Die Wirtin zuckte die Achseln und sagte nur: »Sie haben gesagt, sie kommen.« Beim Abfahren blickte ich aus dem Auto zurück und sah die Wirtin auf der Terrasse vor dem

Restaurant stehen, die Hand über der Stirn, in die Richtung der Passhöhe Ausschau haltend.

Daran erinnerte ich mich wieder, als ich etwa zehn Jahre später auf einer Radtour an diesem Restaurant Halt machte, um etwas zu essen. Auf der vorgelagerten Terrasse saß in schwarzen Lederanzügen ein ganzer Pulk von Motorradfahrern in der Sonne, manche mit ihren Frauen, einige hatten die Helme neben ihren Tellern, säbelten an ihren Würsten herum und riefen sich übertrieben fröhliche Scherze zu, sodass ich es vorzog, in den Gastraum hineinzugehen. Einen Moment musste ich mich an das düstere Licht gewöhnen. Dann sah ich, dass der Ecktisch am Fenster mit der Aussicht ins Tal hinunter frei war und wollte mich hinsetzen, als ich das Holztäfelchen mit der Schrift RESERVIERT erblickte. Ich schaute mich um. Eine junge Frau in einer Servierschürze näherte sich und sagte, der Tisch sei reserviert. Ich setzte mich an einen der Tische an der Wand mit den alpinen Jagdtrophäen; unter dem Hirschgeweih speiste ein älteres Paar, und ich kam unter eine Kollektion von Gämsgehörnen zu sitzen, die um das bräunliche Foto eines bärtigen Jägers angeordnet war. Bratwurst mit Pommes frites stand immer noch auf der Speisekarte, als Menü 1 mit grünem Salat, ich entschied mich dafür, eher im Gedenken an unsern damaligen Ausflug, weniger weil ich besonders Lust darauf gehabt hätte.

Als die Frau nach dem Essen das Geschirr abräumte, erzählte ich ihr, dass ich schon einmal als Kind da gewesen sei und dass uns eine alte Frau mit weißen Haaren bedient habe. Das sei ihre Großmutter gewesen, sagte die junge Frau, die sei hier 50 Jahre lang die Wirtin gewesen. Nach ihrem Tod letztes Jahr habe nun sie mit ihrem Mann zusammen den Betrieb übernommen. Bei meiner Frage, ob es in der Generation dazwischen kein Interesse gegeben habe, verschattete sich ihr Blick ein bisschen, und sie sagte, nein, leider nicht. Beim Bezahlen dann bemerkte ich wie damals mein Onkel, der reservierte Tisch sei offenbar frei geblieben, und sie antwortete:»Sie haben gesagt, sie kommen.«

Es mochten nochmals zehn Jahre oder etwas mehr vergangen sein, als ich mit einem Freund zusammen im Auto zu einer Bergtour fuhr und wir bei der Fahrt über die Passstraße an diesem Restaurant vorbeikamen. Ich schlug ihm vor, einen Kaffee trinken zu gehen, und wir betraten die Gaststube. Sofort zog es meinen Freund zum Ecktisch mit dem Talblick, als die Wirtin dastand und auf das Täfelchen RESERVIERT hinwies. Es war regnerisch, die Sonne war erst für den morgigen Tag versprochen, heute war eindeutig kein Ausflugswetter, und das Restaurant war vollkommen leer, bis auf ein Mädchen mit Zöpfen und einen Buben mit kurz geschnittenen Haaren, die gleich neben der Theke an einem Tisch saßen und zeichneten. Mein Freund war erstaunt, wir wollten nur einen Kaffee trinken, sagte er, und sollten die Gäste mit der Reservation kommen, würden wir sofort aufstehen und uns anderswohin setzen. Ich erkannte in der Wirtin die junge Frau von damals wieder, sie war nun etwas stattlicher geworden, und als sie sagte, das gehe leider nicht, sagte sie es in einem Ton, der keinen Widerspruch zuließ. Als die Kinder bald darauf wegen der Farbstifte miteinander in Streit gerieten, wurden sie von der Mutter kurzerhand aus der Gaststube geschickt.

Wir tranken einen Kaffee und aßen ein Stück Zwetschgenwähe dazu, und beim Bezahlen konnte sich mein Freund die Bemerkung nicht verkneifen, der reservierte Tisch sei frei geblieben. Die Wirtin schaute auf die Uhr und erwiderte:»Sie haben gesagt, sie kommen.«

Ich erzählte ihm auf der Weiterfahrt von meinen früheren Besuchen, und er schüttelte den Kopf und sagte, er habe ohnehin nicht an eine Reservation geglaubt. Bei Regen stiegen wir zur SAC-Hütte am Fuß des Kletterbergs, hängten unsere nassen Windjacken am Ofen auf und ließen uns vom Hüttenwart einen Teller Spaghetti servieren. Mein Freund fragte ihn, ob er das Restaurant an der Passstraße kenne, und erzählte ihm die Geschichte mit dem reservierten Tisch. Dieser Tisch, sagte der Hüttenwart, sei schon immer reserviert gewesen, und nie habe jemand dort Gäste sitzen sehen. Wer denn wohl erwartet würde, wollte ich weiter wissen. Der Hüttenwart wiegte den Kopf. Darüber habe schon die alte Wirtin keine Auskunft gegeben, und auch die junge und ihr Mann hielten dicht, da gebe es nur Vermutungen. Was für Vermutungen denn, fragten wir, er mache uns neugierig, aber mehr war aus ihm nicht herauszubekommen.

Jahre später fuhr ich im Auto mit meiner Frau über diese Passstraße und betrat mit ihr die Gaststube. Ich hatte ihr von dem reservierten Tisch erzählt, und da stand er, unbenutzt, verteidigt vom geschnitzten Täfelchen RESERVIERT mit den beiden Alpenrosen, denen man das Rot kaum mehr ansah. Meine Frau machte gar nicht den Versuch, sich daran zu setzen. Wir nahmen unter den Gämsgehörnen Platz und wurden von einem Mädchen mit einem langen Zopf bedient, welches mich an das zeichnende Kind erinnerte, das ich beim letzten Mal gesehen hatte. Ich nahm das Menü 1, meine Frau einen Käseteller, und beim Bezahlen fragte sie, wo wohl die Gäste mit der Reservation geblieben seien.

Das Mädchen gab zur Antwort: »Sie sind noch nicht gekommen.« Hätten wir das gewusst, fuhr meine Frau fort, hätten wir uns ja gut an diesen Tisch setzen können.

»Nein«, sagte das Mädchen, »das darf man nicht.«

»Wieso nicht?« fragte meine Frau.

Das Mädchen schaute sich einen Moment hilfesuchend um und sagte dann leise: »Das bringt Unglück.«

Wir traten auf die Terrasse hinaus und gingen zwischen einer Gruppe von Motorradfahrern zu unserm Wagen. Auf der Weiterfahrt rätselten wir noch länger über diese Episode und fragten uns, welches Unheil dieser Tisch verbergen könnte, ohne uns darüber schlüssig zu werden.

War es einfach eine Art von Aberglauben, wie er in den Bergen öfters vorkommt, oder war da ein ernsthafter Hintergrund? Die Furcht im Gesicht des Mädchens war nicht zu übersehen gewesen.

Wieder waren Jahre vergangen, da machte ich im Herbst allein eine mehrtägige Wanderung in den Alpen und kam abends beim Abstieg von der Passhöhe zu dem Restaurant. Da auch einige wenige Zimmer zum Übernachten angeboten wurden, bezog ich eines davon und ging zum Nachtessen in die Wirtsstube. Sie war unverändert, die Jagdtrophäen hingen immer noch an der Wand, der Jäger war noch vergilbter geworden, auf dem Ecktisch warnte das geschnitzte Täfelchen, ich setzte mich unter das Hirschgeweih und bestellte das Menü 1, trank dazu zuerst ein Bier gegen den Durst und danach einen Dreier Veltliner. Bedient wurde ich von einer jungen Frau, in der ich das Mädchen von damals wiedererkannte, sie hatte ihren Zopf zu einem kunstvollen Dutt geflochten. Außer mir waren nur noch drei einheimische Männer da, die einen Kaffee mit Schnaps tranken und aufbrachen, bevor ich mich als einziger Gast in mein einfaches Zimmer im ersten Stock zurückzog, in dem es statt eines Waschbeckens nur einen Krug voll Wasser in einer großen Schüssel gab, die auf einer Kommode stand.

Die Wanderung hatte mich ermüdet, Bier und Wein hatten ein Übriges getan, sodass ich einschlief, kaum hatte ich mich unter die schöne gewürfelte Bettdecke verkrochen.

Mitten in der Nacht wachte ich auf, weil meine Blase nach Entleerung verlangte, und da die Toilette auf dem Gang war, verließ ich das Zimmer, ging aber im Halbschlaf in die falsche Richtung, stieg die Treppe hinunter und fand mich im unteren Gang, wo es ebenfalls eine Toilette gab. Als ich sie benutzt hatte und wieder heraustrat, bemerkte ich zu meiner Überraschung, dass das schwache Licht, das mich zur Toilette geführt hatte, nicht von einer Glühbirne kam, sondern am Ende des Ganges durch eine Milchglasscheibe drang. Diese Scheibe war, worauf ich vorher nicht geachtet hatte, in der Tür zur Gaststube eingelassen. Da ich sehr gerne noch ein Glas Mineralwasser getrunken hätte, ging ich zur Tür und versuchte durch die Milchglasscheibe zu erkennen, ob noch jemand da war. Als ich undeutlich drei Figuren wahrnahm, eine stehende und zwei sitzende, drückte ich vorsichtig die Klinke, öffnete einen Spalt und streckte meinen Kopf hinein.

Was ich sah, konnte ich kaum glauben. Am reservierten Tisch saßen zwei bärtige Männer beim Essen, ein älterer und ein jüngerer, und eine gebeugte weißhaarige Frau stand mit einer Karaffe Wein neben ihnen. Sie war dabei, den Männern einzuschenken, als sie sich nach der Tür umdrehte und bei meinem Anblick so erschrak, dass sie etwas Wein auf den Tisch verschüttete. Ich erschrak ebenso, machte die Tür sofort wieder zu, ging so rasch und leise wie möglich nach oben und schlüpfte in die Wärme meines Bettes, doch ich zitterte vor Kälte. Die Frau in der

Gaststube sah genau so aus wie die Wirtin, die uns bedient hatte, als ich vor fast fünfzig Jahren mit meinem Onkel und meiner Schwester da gewesen war. Sie war längst verstorben, und die Frau, die mich gestern bedient hatte, musste schon die Tochter der Enkelin sein. Lange lag ich frierend unter der Decke, ohne einschlafen zu können. Am Morgen erwachte ich mit Fieber, und beim Anziehen wurde mir schwindlig.

Zum Frühstück konnte ich nur ein Glas Tee trinken, und die junge Frau fragte mich besorgt, ob ich mir den Kopf angeschlagen habe. Ich verneinte, spürte aber, als ich mir an die Schläfe griff, eine starke Geschwulst. Es sei mir einfach nicht gut, sagte ich, und ich würde wohl mit dem Postauto in einer halben Stunde ins Tal fahren.

»Haben Sie vielleicht«, fragte ich, »ein Foto Ihrer Urgroßmutter?«

»Wieso?«

Ich sei als Kind vor etwa fünfzig Jahren hier eingekehrt und erinnere mich an sie, sagte ich, sie habe mir damals einen starken Eindruck gemacht.

Da müsste ich einmal kommen, wenn ihre Mutter da sei, sie bewahre die Fotoalben der Familie auf.

Wie es denn ihrer Mutter gehe, fragte ich.

Nicht immer gleich gut, sie sei im Moment fort zur Erholung.

»Oh«, sagte ich und nickte teilnahmsvoll. Als ich aufstand, fiel mein Blick auf das Foto des Jägers, unter dem ich gesessen hatte. Er war unverkennbar einer der mitternächtlichen Gäste am reservierten Tisch gewesen.

Wer der erfolgreiche Jäger gewesen sei, fragte ich möglichst beiläufig, indem ich auf das Bild zeigte.

»Das? Das war mein Urgroßvater«, entgegnete die junge Frau zögernd, »aber auch ihn habe ich nicht mehr gekannt.« Mein Interesse war ihr nicht ganz geheuer.

Ich wartete einen Moment und fragte dann vorsichtig: »Ist ihm etwas passiert?«

Auch sie wartete einen Moment, bevor sie zur Antwort gab: »Er kam von der Jagd nicht mehr zurück.«

»Und war jemand mit ihm?«

»Ja. Mein Großvater. Aber auch ihn habe ich nicht mehr gekannt.«

Dann kehrte sie abrupt um und ging in die Küche.

Als ich bezahlte und am Tisch mit dem holzgeschnitzten Täfelchen vorbeiging, schien mir, den blassen Rotweinflecken hätte ich gestern nicht gesehen.

Zu Hause musste ich mich mit hohem Fieber ins Bett legen, meine Frau erschrak über die gerötete Schwellung an meinem Kopf und ließ einen Notarzt kommen. Die fiebersenkenden Mittel nützten nichts, es begann eine Folge von Untersuchungen, die zu keinem Ergebnis führten. Mein Hausarzt überwies mich schließlich ins Spital, ich war zeitweise nicht bei Bewusstsein, redete, wie man mir hinterher sagte, wirres Zeug, von Jägern, Urgroßmüttern und einem Tisch, doch nach dreißig Tagen war das Fieber samt der Geschwulst mit einem Schlag verschwunden, und ich wurde aus dem Spital entlassen. Man habe, sagte mir der Hausarzt, als er den Abschlussbericht erhielt, einen viralen Infekt vermutet, von dem man allerdings weder einen genauen Typus noch eine Ursache habe ausmachen können.

Ich erzählte niemandem, auch meiner Frau nicht, was in der Gaststube geschehen war, war mit der Zeit selbst nicht mehr sicher, ob ich die Szene wirklich erlebt hatte oder ob es sich um eine Fieberhalluzination handelte.

Es vergingen nochmals etwa zehn Jahre, da fuhr ich mit dem Auto über den Pass, da ich einen Freund besuchen wollte, der sich schwerkrank in einer abgelegenen Rehaklinik in den Bergen zu erholen versuchte.

Als ich am Restaurant vorbeikam, sah ich auf dem Parkplatz neben ein paar Motorrädern zwei dunkle Limousinen. Ich stellte meinen Wagen daneben, ging zwischen den Lederjackigen durch, betrat die Gaststube und wurde Zeuge einer Auseinandersetzung um den reservierten Tisch. Ein Mädchen, vielleicht vierzehnjährig, das offensichtlich bediente, versuchte eine Frau und einen Mann davon abzuhalten, sich an den Tisch zu setzen.

»Hier ist reserviert«, sagte es beharrlich.

Aus einer Gruppe von vier gut gekleideten Männern, welche die zwei begleiteten, sagte einer zu dem Mädchen: »Hör mal, das ist ein Regierungsrat, der mit einer unserer Bundesrätinnen unterwegs ist, so hohe Gäste bekommt ihr nicht so bald wieder.«

Er nahm das holzgeschnitzte Täfelchen weg und stellte es auf den Tisch unter dem Hirschgeweih. Dann setzten sich die beiden Amtspersonen an den Ecktisch, die Bundesrätin so, dass sie ins Tal hinunter sah, die vier Männer nahmen den Tisch daneben ein, und alle bestellten Kaffee und Kuchen. Das Mädchen, verstört, ging zur Kaffeemaschine und ließ die Getränke eines nach dem andern heraus, aus der Küche kam ein tamilischer Koch und brachte die Apfelwähenstücke, und als alle bedient waren, bestellte auch ich beim Mädchen einen Kaffee und ein Stück Wähe und fragte, ob die Mutter nicht da sei. Nein, sagte es, den Tränen nahe, sie sei mit dem Vater in die Stadt gefahren.

Die Bundesrätin war entzückt von der Aussicht, und als einer der Begleiter beim Mädchen bezahlte, sagte er, der Tisch sei ja zum Glück nicht beansprucht worden, wieso sollte man sich da nicht hinsetzen dürfen.

»Es bringt Unglück«, sagte ich laut.

Das Mädchen und der Begleiter schauten mich gleichermaßen verwundert an, das Mädchen dankbar, wie mir schien, und es nickte zu meiner Bemerkung.

Woher ich das wissen wolle, fragte mich der Mann, und ich entgegnete bloß, das wüssten alle hier, und sie sollten aufpassen bei der Weiterfahrt.

Der Mann schüttelte den Kopf, und dann verließen Bundesrätin und Regierungsrat mit ihrer Entourage die Gaststube.

Das Mädchen nahm die Kaffeetassen und die Kuchenteller vom Ecktisch, ging damit in die Küche, und dann hörte ich ein heftiges Klirren, es musste das Geschirr auf den Boden geschmissen haben. Mit hochrotem Gesicht kam das Mädchen wieder in die Wirtsstube, nahm das Täfelchen mit der Inschrift RESERVIERT vom Tisch unter dem Hirschgeweih und stellte es auf seinen angestammten Platz zurück.

Ich fuhr dann weiter zu meinem kranken Freund, übernachtete in einem Hotel am selben Ort, und hörte am andern Morgen in den Nachrichten, dass das Restaurant an der Passstraße in der Nacht bis auf die Grundmauern abgebrannt sei. Die Menschen hätten sich retten können, die Brandursache sei nicht bekannt.

Es wurde nicht mehr aufgebaut, übrig geblieben ist nur ein großer Parkplatz, an dem die Passfahrer, seien sie mit Motorrädern, Velos oder Autos unterwegs, gerne anhalten, um zu picknicken, zu fotografieren und den Ausblick ins Tal zu genießen.

Die Katze
ein Telefongespräch

Hallo, Renate – ich bin's, Mama!

Wie geht es dir?

… im Endspurt für deine Seminararbeit?

Was war das noch mal?

Familienforschung der Amerikaner in der Schweiz?

Ach, es geht um die Ausgewanderten …

… die mehr über die Geschichte ihrer Vorfahren wissen wollen …

… Yul Brynner kam doch mal nach Menziken, oder Möriken, um zu sehen, woher seine Großeltern …

Yul Brynner? Der Filmschauspieler mit der Glatze, der immer die Einzelgänger spielte …

… du bist zu jung, Renate, kannst ihn ja mal googeln …

Also, was ich dich –

… hast unsere Einwohnerämter befragt …

… eine Zunahme, aha …

… Amerikaner interviewt, die aufs Einwohneramt kamen …

… einen Zusammenhang womit?

… mit der Abgrenzung gegen andersrassige Eingewanderte … oh, eine gewagte Vermutung …

Und hast du da –

… natürlich, da sind verschiedene Faktoren …

Wie immer im Leben, Renate –

… wieso ein Gemeinplatz? Ist es nicht so?

… aber was?

Was wahr ist, muss deswegen noch kein Gemeinplatz sein, mein Kind …

Was soll das heißen, du bist nicht mein Kind?

Du magst die Redensart nicht …

Schon gut, schon gut, also, warum ich –

… zu einer Masterarbeit ausweiten …

… dein Assistenz-Professor …

Formen der Identitätssuche in der globalisierten Welt …

Toller Titel. Also, weshalb ich –

Die Wurzeln … sicher sind die wichtig, aber überschätzen sollte man sie auch nicht …

… nein, ich meine nur, genauso wichtig wie wo man herkommt, ist doch, wie man aufwächst, unter welchen …

… zu wenig über deine eigenen Vorfahren?

Was ich dich fragen –

Immerhin, einiges weißt du ja schon …

… von deinem Großvater … deine Freude am Schreiben …

… ja, der war ein großer Journalist, aber da sind wohl auch verschiedene Faktoren im Spiel …

Nein, ich mach mich nicht lustig, Renate, ich freu mich, dass du dich so hinter deine Arbeit klemmst …

… bin ja beeindruckt …

… und wann musst du die Arbeit abgeben?

… in 14 Tagen, oh …

Eben, warum ich –

… was?

Renate, wieso Angst vor einer Krise?

… das kriegst du doch hin, so beflügelt, wie du mir das erzählst …

… dass dich die Depressionen … der Suizid deines Vaters …

… nein, Renate, da brauchst du wirklich keine Angst zu haben …

Woher ich das weiß? Glaub es mir einfach, du bist zu verschieden von ihm, zum Glück …

… Meine Tante, gewiss, aber da findest du in jeder Familie eine Schattenfigur, das heißt noch lange nicht –

Bitte, bitte, sowas sollte man eigentlich nicht am Telefon besprechen …

Weswegen ich anrufe, ich kann am Montag ins Spital, um meinen Gebärmuttervorfall operieren zu lassen …

Ja, ich hab einen früheren Termin bekommen, und den sollte ich wahrnehmen. Und ich wollte dich fragen, ob du Mizzi für eine Woche zu dir holen könntest.

Renate?

Renate, bist du noch da?

Meine Nachbarin? Die ist nächste Woche weg, das ist eben das Dumme.

Du hast keine Zeit … natürlich, ist mir klar, dass der Zeitpunkt etwas ungünstig ist, aber du weißt ja, Mizzi ist sehr pflegeleicht, gibt nicht viel zu tun, ich würde alles Nötige mitbringen, Futternapf, Fressen, Katzenklo …

Sie wird sich rasch eingewöhnen, sie war ja auch schon bei dir …

Moribund? Nein, sie ist putzmunter …

Du brauchst sie nicht rauszulassen, sie geht ja auch bei mir nicht mehr aus der Wohnung …

Na, in ihrem Alter …

Sie sieht nicht mehr so viel, weißt du. Und sie hinkt doch ein bisschen, seit ihr dieser …

Leiden? Nein, ich zerstoße ihr eine Schmerztablette ins Futter. Am Abend, ja, damit sie gut schläft, die geb ich dir mit, ist alles mit Aufklebern beschriftet …

Auch das Vitaminpulver, das kannst du ihr über das Whiskas streuen, am besten am Morgen. Ist auch noch ein Schächtelchen Valium dabei, wenn's gar nicht anders gehen sollte …

Ins Tierheim? Das geht nicht …

Warum nicht? Dort kennt sie niemanden …

Doch, dich kennt sie, auch wenn du nicht mehr hier wohnst. Du bist ja noch ein Stück weit mit ihr aufgewachsen …

Ja, nach dem Tod deines Vaters. …

Nicht zuletzt wegen dir, als … als Trost … damit etwas Lebendiges im Haus war …

Was? Du hast sie nie gemocht?

Also das kannst du mir nicht erzählen, Renate, dafür hab ich dich zu oft gesehen, wie du mit ihr geschmust hast …

Sie hat ja manchmal sogar in deinem Zimmer übernachtet.

Faute de mieux? Das finde ich jetzt ungerecht, Mizzi gegenüber … und auch mir gegenüber.

Du magst Katzen überhaupt nicht? Das ist mir nun aber völlig neu.

… nicht beziehungsfähig? Wollen von uns nichts wissen?

Hunde hingegen, jaja, das alte Vorurteil …

Natürlich erinnere ich mich, dass du immer einen Hund wolltest.

Du hast eine Weile richtig Terror gemacht deswegen.

Hast überall Botschaften hingelegt … Wenn ich den Brotbehälter aufgemacht habe, lag da ein Zettel: *Ich will einen Hund.* Wenn ich eine Milch aus dem Kühlschrank nahm, klebte ein Zettelchen dran: *Ich will einen Hund!!* Zwei Ausrufezeichen. Wenn ich die Post aus dem Briefkasten holte, war eine Karte dabei, Adresse:

An den Hund von
Renate Birchmeier,
Voltastrasse 21
darauf stand: Willkommen! Deine Renate.

Einmal, als ich den Schrank mit dem Bettzeug geöffnet habe, lag zwischen zwei Bettlaken eine Hundeleine – weißt du, wie ich da erschrocken bin?

Ich musste ja zur Arbeit und du zur Schule, da war ein Hund einfach zu anspruchsvoll …

Aber die Mizzi hattest du trotzdem gern, das kannst du mir nicht weismachen.

Einschläfern lassen?

Renate!

Meine Mizzi?

Was heißt, irgendeinmal kommt der Moment …

Irgendeinmal ja, aber nicht jetzt!

Solange sie lebt, lebt sie.

Ja, mit Schmerztabletten, mit Blindheit, mit Hinken …

Das kann ich einfach nicht.

Warum nicht?

Das bin ich ihr schuldig … ihr und den Katzen überhaupt …

Was verstehst du nicht?

Den Katzen überhaupt …

Ja, den Katzen überhaupt. Ich verdanke ihnen sehr viel. Und du auch …

Was das heißen soll?

Das heißt … das ist … das kann ich dir nicht …

Das wollte ich dir schon lange …

Gut, Renate, setz dich, und dann erzähl ich dir etwas …

Doch, es ist wichtig …

… warten, bis wir uns sehen?

Ich glaube, ich kann es dir besser sagen, wenn wir uns nicht sehen …

Ich muss ein bisschen ausholen. Dein Vater …

Was sagst du da? Er sei gar nicht dein Vater?

Wie kommst du denn darauf?

… du hattest immer das Gefühl …

Also, jetzt lass mich mal der Reihe nach erzählen …

Dein Vater und ich, wir waren … wir hatten es ja nicht nur leicht. Er war als junger Fotograf sehr erfolgreich, hatte zuerst ein paar Jahre für die *Neue Zürcher Zeitung* gearbeitet und sich dann selbstständig gemacht. Als wir uns kennenlernten, war ich Sekretärin bei der *Schweizer Illustrierten*, und er kam ab und zu in der Redaktion vorbei, um eine Reportage anzubieten oder einen Auftrag entgegenzunehmen, es war immer etwas Spontanes und Leichtes um ihn, wir scherzten oft zusammen, fanden Gefallen aneinander, und auf einmal hatte ich eine Affäre mit ihm. Es war nicht die große Liebe, die hatte ich schon hinter mir, wir wollten einfach … unsern Spaß haben zusammen. Und dann wurde ich schwanger, weil wir einmal nicht aufgepasst hatten. Als ich ihm das sagte, war er nicht erschrocken, wie ich befürchtet hatte, sondern begeistert. »Du bekommst ein Kind von mir?« sagte er, »dann lass uns doch heiraten.« Ich war völlig überrascht, aber wir waren beide an einem Punkt, an dem man sich langsam Fragen zum weiteren Verlauf des Lebens stellt. Er war achtunddreißig, ich fünfunddreißig. Er hatte sicher mehr Erfahrung mit Frauen als ich mit Männern, und vielleicht gerade deshalb den Wunsch nach einer Familie, und ich hatte eine langjährige Beziehung hinter mir, die damit endete, dass sie mein Partner abrupt abbrach und eine andere Frau heiratete, die während der ganzen Zeit seine Geliebte gewesen war.

Also, wir heirateten ziemlich schnell, und kaum waren wir ein Ehepaar, erlitt ich eine Fehlgeburt. Ich war wie erschlagen, aber dein Vater machte mir Mut und sagte, das würden wir schon noch mal hinkriegen. Er hatte eine große Fähigkeit, die Dinge nicht allzu schwer zu nehmen, nicht wie ich … deshalb habe ich auch seinen Selbstmord damals nicht verstanden …

Bist du noch da, Renate?

Also, wir kriegten es dann tatsächlich nochmals hin, ich wurde wieder schwanger – und ich hatte wieder eine Fehlgeburt. Der Fötus hatte auf meiner Handfläche Platz und war schon als Menschlein zu erkennen, ein schrecklicher Anblick. Dein Vater ließ nicht locker, holte mich behutsam aus dem Abgrund heraus, und eigentlich begann ich ihn erst jetzt richtig zu lieben, er war von einer großen Zärtlichkeit mir und meiner Trauer gegenüber …

Als ich mich einigermaßen erholte hatte, machten wir eine wunderschöne Reise durch die Türkei, davon ist das Foto von uns beiden auf dem Buffet, wie wir auf diesem Aussichtspunkt stehen, ans Geländer gelehnt, mit den

Gebirgszügen in der Weite, die Aufnahme hat Robert mit dem Selbstauslöser gemacht, er drückte ab, rannte zu mir und versuchte ganz locker zu sein, deshalb lachen wir wie die Kinder. Kurz nachdem wir zurückkamen, war ich wieder schwanger, und diese Schwangerschaft führte zu meiner dritten Fehlgeburt. Nun war ich 40, und die biologische Uhr tickte unerbittlich.

Was meinst du? … Natürlich ließ ich mich untersuchen, und natürlich riet mir meine Frauenärztin zur Unterbindung, und natürlich war ich zu trotzig dazu …

Sonst wärst du nicht auf der Welt? …

Tja, nun kam eine schwierige Zeit. Robert war seit unserer Heirat immer wieder weg gewesen, für Reportagen, zum Beispiel im Nahen Osten, er hat wunderbare Fotos im Iran gemacht, ich zitterte um ihn, wenn er nach Afghanistan oder in den Libanon flog, wo Krieg war und war froh, wenn er nur nach Deutschland musste, er war zufällig in Ost-Berlin, als die Mauer fiel und hat einige von den besten Bildern der ersten Stunden gemacht, die um die ganze Welt gingen, und im Großen und Ganzen kam diese Lebensweise ihm und mir entgegen, denn wir brauchten beide eine gewisse Unabhängigkeit. Dann wurden aber die Aufträge auf einmal weniger, es fing an mit der Pressekonzentration und den Sparmaßnahmen, und für die freien Fotografen wurde es langsam enger. Dadurch war er öfters zu Hause, und unsere Gegensätze kamen stärker zum Vorschein.

Ich arbeitete inzwischen als Disponentin beim Fernsehen, verwaltete die Besetzung der Studios, teilte Kameraleute den Aufnahmeteams zu, organisierte Ersatzequipen, wenn es Ausfälle gab, hatte wirklich einen interessanten Job, aber eigentlich war ich nur von einem Gedanken besessen, nämlich von dem, noch ein Kind zu bekommen. Ich wollte Robert unbedingt ein Kind schenken, und dass es nicht klappte, lag offenbar an mir.

Warum, konnte man mir nicht sagen, meine Gebärmutter war jedenfalls in Ordnung, also nahm ich Medikamente gegen hormonale Defizite, gegen Mangel an Protein xy und weiß der Kuckuck was alles, ich strich mir ein Gel ein, das die Beweglichkeit der Spermien beim Geschlechtsverkehr erhöhen sollte ... Ich bin ja nicht religiös oder gläubig, aber einmal, als Robert im Ausland war, machte ich sogar eine Wallfahrt nach Maria Dreibrunnen in der Ostschweiz, weil ich gehört hatte, dass man dort für seinen Kinderwunsch beten könne ... Ich war erstaunt, wie viele Frauen in den Bänken der Kapelle saßen, oder knieten ...

Langsam wurde ich dünnhäutiger, überreizt, war mit meinen Nerven immer mehr am Ende, und eines Nachts erwachte ich, weil ich aus unserem Vorgarten ein Kind rufen hörte.

Ich weckte Robert und sagte ihm, da schreie ein Kind. Ach was, sagte er, das sei eine Katze. Hör doch, sagte ich ihm, hör doch, das ist ein Kind. Ich gab keine Ruhe, bis er sich einen Mantel überwarf, die Schuhe anzog, hinausging – und den Kater vertrieb, der dort neben dem Hortensienbusch eine Katze besang, die auf dem Gartenmäuerchen saß. Er war ziemlich ungehalten, als er zurückkam, und konnte lange nicht einschlafen. Ich auch nicht.

In einer der nächsten Nächte passierte dasselbe, ich war sicher, dass es ein Kind war, ein Säugling, der da schrie, der um Hilfe schrie, so, hörst du?

Ja, es war wieder eine Katzenmusik, Robert ging mit einer Kanne voll Wasser hinaus, um die Viecher zu vertreiben, diesmal waren es drei, und als er zurückkam, sagte er zu mir, ich solle endlich aufhören mit meiner Hysterie, er habe sich damit abgefunden, dass wir keine Kinder bekämen, das müsse ja nicht sein, wir seien freier ohne sie, und auch der Druck, Geld zu verdienen, sei geringer, wir könnten stattdessen häufiger ausgehen, Reisen machen und so weiter. Ich habe dann fast die ganze Nacht geweint.

Roberts Aussage hatte zwar Klarheit geschaffen, er hatte mich sozusagen von der Mutterrolle befreit, aber mein Wunsch nach einem Kind blieb einfach da und ging nicht weg und ging nicht weg.

Nicht weinen, Renate, nicht weinen – noch nicht …

Und dann kam diese Nacht. Es war in der Osterwoche, ich hatte vor Karfreitag ein paar Tage freigenommen, die ich noch vom Vorjahr offen hatte, wir wollten eigentlich an den Comersee, aber dann flatterte ein Auftrag für Robert rein, den er annehmen musste, Semana Santa in

Spanien, die Prozessionen und alles, und ich blieb allein zu Hause. Am Gründonnerstag dann, nachts, wieder das Klagen eines Kindes im Vorgarten, wie ein Hilferuf, unüberhörbar, so, hörst du?

Ich zog mich an, richtig, denn draußen war ein kalter Nieselregen, nahm eine Taschenlampe und ging in den Vorgarten. Natürlich war es wieder eine Katze, aber nur eine. Eine, die ich noch nie gesehen hatte, mit einem ziemlich wilden, verstrubbelten, braunweiß gefleckten Fell ... Was meinst du? ... Ja, braunweiß, fast wie die Mizzi. Sie saß auf einer Treppenstufe, und als ich sie anleuchtete, lief sie nicht weg, sondern blickte mich an. Dann stand sie auf, ging langsam die Treppe hinunter, stieß wieder ihren langen Klagelaut aus und schaute sich zu mir um. Ich konnte nicht anders als ihr folgen.

Sie schlüpfte zwischen den Stangen des Gartentors hinaus, ich öffnete das Tor und ging hinter ihr her auf dem Trottoir. Wir wohnten damals an der Froburgstrasse am Waldrand, die Katze hätte ja schnell weglaufen können, aber sie ging so, dass ich mit ihr Schritt halten konnte, ihr Klagen war in ein leises Miauen übergegangen, das sie jedes Mal wiederholte, wenn sie ihren Kopf nach mir umdrehte. Sie bog in den Weg ein, der zur Waldhütte führt. Es war ein Uhr nachts, ich habe mich immer gefürchtet, nachts in den Wald zu gehen, habe den Wald, wenn ich mal spazieren ging, schon bei einbrechender Dämmerung wieder verlassen. Doch es schien mir, die Katze habe ein

Ziel, und ich hatte mich entschieden, ihr zu folgen, auch wenn ich vor Angst zitterte. Irgendwann einmal näherten wir uns der Waldhütte, die Katze und ich, und nun hörte ich von dorther denselben Klagelaut. Aber er kam nicht von einer andern Katze. Auf einer Bank lag ein neugeborenes Kind, in einen Mantel eingewickelt, und jammerte. Ich konnte es fast nicht glauben. Niemand war zu sehen. »Hallo!« rief ich, zuerst leise, dann lauter, »Hallo! Da liegt ein Kind!« Niemand antwortete. Mich schauderte. »Kennst du die Mutter?« flüsterte ich zur Katze, als ob sie mir etwas sagen könnte. Ich wartete eine Weile, ratlos, dann hob ich das Kind sorgfältig in meine Arme und hastete, die Taschenlampe in der einen Hand haltend, so schnell es eben ging, den Weg zurück zum Waldrand und zurück in unsere Wohnung. Die Katze trabte eine Weile neben mir her, dann verschwand sie. Ich habe sie nie wieder gesehen.

Es war mir klar, dass ich die Polizei anrufen musste. Ich wählte zweimal die 1, aber statt dann die 7 zu drücken, legte ich wieder auf und rief meine Freundin Claudia an, die Hebamme ist. Sie nahm sofort ein Taxi, brachte eine Nuckelflasche und Pulver für Babymilch mit, schaute mit mir zusammen das Kindlein an, es war offensichtlich gesund und kräftig, sie blieb den Rest der Nacht über bei mir, und am nächsten Morgen kam ihre Freundin Beatrice vorbei, die Säuglingsschwester ist, um das Neugeborene zu untersuchen. Auch sie hatte den Eindruck, das Kleine, oder die Kleine, habe die Nacht in der Waldhütte ohne Schaden überstanden, und dann bat ich die beiden um Hilfe, um dieses Kind zu meinem eigenen zu machen. Claudia stellte eine Bescheinigung aus, dass es sich um eine Hausgeburt gehandelt hatte, und Beatrice war bereit, in der ersten Zeit regelmäßig vorbeizukommen, um die Entwicklung des Kindes zu überwachen.

Du kannst dir Roberts Überraschung vorstellen, als er am Ostermontag nach Hause kam und Vater geworden war. Aber er freute sich darüber und war sofort einverstanden. Die Kollegen, und vor allem die Kolleginnen beim Fernsehen waren äußerst erstaunt, dass sie von meiner Schwangerschaft nichts bemerkt hatten, aber da ich damals etwas zu viel Gewicht auf die Waage brachte, weil ich mir einen Kummerspeck anfraß, trug ich immer weite Gewänder, die den Bauch kaschierten. Sie habe sich manchmal etwas über meine Garderobe gewundert, gestand mir meine Büronachbarin am Telefon, aber jetzt sei ihr alles klar. Ich ließ mich für ein Jahr beurlauben, um ganz für dich da zu sein, ab dann arbeitete ich nur noch 50 Prozent. Wenn Robert keine Aufträge hatte, kümmerte er sich um dich, und für die übrige Zeit gab es die Krippe. Dem Freundeskreis und den Verwandten sagte ich, aus Angst vor einer weiteren Fehlgeburt hätte ich ihnen nichts von meiner Schwangerschaft erzählt.

So bist du zu uns gekommen, Renate, und es tut mir leid, dass ich dir das erst jetzt sagen konnte, irgendwie habe ich immer den Moment verpasst, und je länger man auf diesen Moment wartet, desto schwieriger wird es. Renate, hörst du mich? …

Renate, ich liebte dich von ganzem Herzen, glaub mir, und ich liebe dich immer noch, ich bin deine Mutter geworden, wie es die unglückliche Frau, die dich ausgesetzt hat, nie geworden wäre, und Robert wurde dein Vater, denn der Kindsvater hätte sich wohl ohnehin nicht blicken lassen …

Renate, bist du noch da?

Renate, das ist jetzt ein bisschen viel geworden …

Eigentlich wollte ich dich nur fragen, ob du die Mizzi nächste Woche zu dir nehmen kannst …

Denkst du, das geht?

Renate, hörst du mich?

Ein Steinregen

In einer jener Hotelbauten in den Bergen, die zu Beginn des letzten Jahrhunderts in den Zeiten des aufkommenden Alpentourismus in Erwartung großer Gästescharen errichtet worden waren, aber nie wirklich floriert hatten, weil sie nicht an einem der Orte standen, die sich mit einem Matterhorn oder einem Silser See schmücken konnte, ereignete sich vor etwa siebzig Jahren eine seltsame Geschichte. Als der Küchenbursche nach dem Mittagessen das Geschirr wusch, fiel hinter ihm plötzlich ein Stein auf den Küchenboden. Da ein Fenster offen stand, ging er hin und schloss es. Die Küche war ebenerdig, er blickte hinaus, sah aber niemanden. Er bückte sich und nahm den Stein in die Hand. Es war ein Kieselstein, der gut in seine Hand passte, und er war warm. Der Bursche legte ihn auf einen Fenstersims und ging wieder an die Arbeit.

Wenig später fiel ein weiterer Stein auf den Küchenboden. Erschrocken schaute sich der Küchenbursche um, ob noch irgendwo ein Fenster offen stand, aber es waren alle geschlossen. Der Stein war von ähnlicher Größe wie der erste, und auch er war warm. Die eine der beiden

Türen, die ins Innere des Hotels führten, war geöffnet, er ging hin und blickte in den Gang hinaus, ohne jemanden zu sehen. Daraufhin schloss er die Tür, legte den Stein zum andern Stein auf den Fenstersims und machte sich wieder an die Arbeit.

Kaum hatte er den letzten Teller abgetrocknet und in den Geschirrschrank gestellt, fiel wieder ein Stein auf den Küchenboden. Jetzt wurde es ihm unheimlich, denn es war nicht möglich, dass der Stein von außen hereingeworfen worden war. Schnell legte er ihn zu den andern, rannte dann zur Küche hinaus bis in das Dachgeschoss hinauf, wo sich die Zimmer für das Personal befanden. Er klopfte so lange beim Koch an die Tür, bis dieser verärgert öffnete und ihn anschnauzte, was ihm einfalle, ihn beim Mittagsschlaf zu stören. Hastig erzählte der Küchenbursche, was passiert war. Der Koch wurde stutzig, zog sich dann an und ging mit dem Burschen hinunter in die Küche. Er nahm die Steine in die Hand, und der letzte war immer noch etwas warm. Obwohl er wusste, dass es nirgends eine Luke gab, blickte er zur Decke, um sich zu vergewissern, dass es so war. Dann schaute er den Küchenburschen an.

»Aber wehe, wenn ich erfahre, dass du das warst!«

Der Bursche beteuerte, er habe mit den Steinen nichts zu tun, und der Koch, welcher die Angst in den Augen des Jungen sah, sagte schließlich: »Erzähl das nicht weiter, ja?«

Als an diesem Tag das Nachtessen zubereitet wurde, stand Lina, die Lehrtochter (wie man die Auszubildenden hier nannte) plötzlich beim Koch, in jeder Hand einen Stein, und sagte, der zweite Koch werfe ihr Steine hinter den Rücken, und sie wisse schon, warum. Der zweite Koch versuchte immer wieder, sie mit kleinen Streichen zu necken.

»Zurbrügg, was soll das?« fragte der Koch und zeigte auf die Steine.

Der war höchst erstaunt und sagte, die müsse jemand von außen hereingeworfen haben. Zwei Fenster standen offen, da der Dampfabzug nur höchst mangelhaft funktionierte.

»Ambros, mach die Fenster zu!« rief der Koch dem Küchenburschen zu. Dieser schloss sofort die beiden Fenster, was den Dampf in der Küche verstärkte. Ein Klicken am Boden hinter seinem Rücken schreckte Zurbrügg, den zweiten Koch auf, und er erblickte einen Stein. Er schaute zu Lina, die den Salat schnitt, und zum Koch, welcher die Fleischstücke breit schlug. Dann hob er den Stein auf, er war warm, ging zum Koch und stupfte ihn am Arm. Der nahm den Stein in die Hand, schüttelte den Kopf, da fiel neben ihm ein Stein zu Boden. Ein Stein, der geworfen wird, hüpft noch ein oder zweimal auf, aber jetzt hatten alle gesehen, dass der Stein etwa aus Hüfthöhe aus der Luft kam und genau dort liegen blieb, wo er hingefallen war. Der Koch hob den neuen, warmen Stein auf, und da standen sie alle wie gelähmt, mit den Steinen in der Hand, während die großen Pfannen mit der Suppe und dem Nudelwasser brodelten und die Küche in einen Dunst hüllten, welcher dem zweiten Koch die Brillengläser beschlug.

»Sehen Sie jetzt, Herr Brotschi?« rief der Küchenbursche mit schriller Stimme. Da fiel auch vor ihm ein Stein aus der Luft zu Boden, und Ambros rannte weinend aus der Küche und schlug die Tür hinter sich zu.

Wo die Suppe bleibe, fragte wenig später Luciano, der Kellner, und sah verwundert auf die im Nebel erstarrte Küchenmannschaft.

Mit beträchtlicher Verzögerung wurde das Essen aufgetragen, einige Gäste beschwerten sich, weil die Suppe lauwarm oder das Fleisch zu wenig gar war, und nachdem der englische Pudding auf den Tischen stand, erschien der Hoteldirektor in der Küche und stellte den Koch zur Rede. Der hatte inzwischen alle Steine auf einem der Anrichtetische aufgereiht, auch die drei vom Nachmittag, und erzählte dem Direktor, was geschehen sei.

»Es spukt!« rief Lina, wurde aber von den beiden Köchen zurechtgewiesen.

Der Direktor schüttelte den Kopf. »Ihr seid mir ein Völklein«, sagte er. Die Leute in der Küche waren lauter Einheimische, während er in der Stadt aufgewachsen war.

Da fiel direkt vor ihm ein Stein auf den Küchenboden. Die Farbe wich aus seinem Gesicht. Er hob ihn auf, wog ihn in der Hand, spürte, dass er warm war, ließ ihn dann auf den Boden fallen, worauf er zwei kleine Sprünge machte, bis er endgültig liegen blieb. »Seht ihr?« sagte er, »ein ganz normaler Stein«, aber schon lag mit einem Klicken ein neuer Stein zu seinen Füßen.

Lina zog ihre Schürze aus, schmiss sie Zurbrügg in die Hände und hastete zum Ausgang. Auf der Türschwelle drehte sie sich um und rief: »Ich komme nicht mehr!«

Fast wäre sie mit der Großmutter von Ambros zusammengestoßen, die nun die Küche betrat und sagte, es tue ihr leid, dass ihr Enkel davongerannt sei, und sie werde an seiner Stelle das Geschirr waschen und aufräumen, das habe sie hier schon als Mädchen gemacht.

»Zurbrügg, ihr zeigt ihr alles, ja?« sagte der Direktor, nickte der alten Frau zu und verließ die Küche.

Auf dem Weg zu seinem Büro schaute er kurz in den Aufenthaltsraum, in dem nur zwei Engländerinnen Bridge spielten und ein Gast namens Schnetzelmann mit einem Buch auf den Knien eine Pfeife rauchte. Dieser, ein langer Mann in einem hellen Tropenanzug, war gestern angekommen, auf seinem Überseekoffer klebten Etiketten von Hotels und Schifffahrtslinien der ganzen Welt, *Cunard Southhampton, Hamburg-Amerika-Linie, Maharadscha Palace Bombay, Mandarin Shanghai*, er hatte sich für drei Tage angemeldet, er sei auf der Durchreise nach Genua, von wo er zu Schiff nach Ägypten fahre, und wolle vorher noch etwas frische Luft schnappen.

Ob es etwas Besonderes gebe, fragte er den Direktor. Dieser setzte sich zu seinem Gast, griff nach dem warmen Stein in der Jackentasche, überlegte einen Moment und sagte dann bloß, nein, zum Glück nicht, außer dass für morgen Gewitter mit starken Regenfällen angesagt seien, aber ab übermorgen solle es wieder schön werden.

Er habe schon viele Gewitter erlebt und freue sich immer darüber, antwortete Schnetzelmann, und solange es keine Steine regne, machten sie ihm keine Angst. Er ließ ein schnarrendes Lachen folgen. Die beiden Frauen blickten von ihrem Kartenspiel auf.

Am andern Morgen ging der Direktor, gleich nachdem er aufgestanden war, in die Küche und fand dort Josefine, die Großmutter von Ambros, welche den Kaffee aufbrühte und mit den Pfannen für die heiße Milch und für die Eier hantierte. Sie schaue ein bisschen zum Rechten, sagte sie, Herr Zurbrügg sei davongelaufen, weil wieder Steine auf den Boden gefallen seien, und sie habe den Herrn Pfarrer mitgebracht. Erst jetzt sah der Direktor den Pfarrer mit einem Gebetbuch in der Ecke sitzen. Dieser erhob sich, gab dem Direktor die Hand und zeigte auf eine Reihe von Steinen auf dem Anrichtetisch. Die letzten drei habe er selbst gesehen, wie sie mitten im Raum aufgetaucht und dann niedergefallen seien. Draußen erhellte ein Blitz den düsteren Morgen, der Donner krachte, und Regen prasselte an die Scheiben. Er brauche zweimal Spiegeleier mit Schinken, rief Luciano durch die halboffene Tür hinein, und Josefine griff zu der Bratpfanne, als sei sie nie weg gewesen.

Was er denn von diesen Steinen halte, fragte der Direktor den Pfarrer.

Etwas in diesem Haus sei nicht gottgefällig, gab der Pfarrer zur Antwort, und als jetzt wieder ein Stein zu Boden fiel, bekreuzigte er sich und sagte, wenn es dem Herrn Direktor recht sei, werde er den Kapuzinerbruder Kajetan vom Kloster Glis holen lassen, der verstehe sich auf das Exorzieren, und was immer für böse Geister oder Boten des Satans hier ihr Unwesen trieben, er werde sie durch die Kraft des Heiligen Geistes vertreiben.

Der Direktor schüttelte den Kopf. »Das gibt es doch gar nicht«, sagte er. Ein Wetterleuchten tauchte die Küche in ein grelles Licht, und mit dem nächsten Donner fiel ein neuer Stein vor seine Füße. Er las beide Steine auf, sie waren handwarm, legte sie zu den andern auf den Anrichtetisch und sagte dann zum Pfarrer, er wäre ihm dankbar, wenn er den Bruder Kajetan rufen würde. Josefine blickte von den brutzelnden Spiegeleiern in ihrer Pfanne auf und nickte dem Direktor anerkennend zu, als er die Küche verließ.

Dieser stieß, als er den Frühstücksraum betrat, fast mit Schnetzelmann zusammen. »Alles in Ordnung?« fragte dieser.

»Sie können sich freuen«, sagte der Direktor, »es gewittert.«

Es donnerte, dass die Scheiben zitterten, Schnetzelmann lachte sein schnarrendes Lachen, die Engländerinnen hoben ihre Köpfe, und der Direktor eilte in sein Büro.

Er setzte sich hinter den Schreibtisch und faltete ratlos seine Hände. Er war kein gläubiger Mensch, war protestantisch erzogen worden und führte nun dieses Hotel in einer streng katholischen Gegend, in welcher auf jedem Hügel ein Kreuz stand und die Menschen jeden Sonntag in die Kirche gingen. Und soeben hatte er zu etwas seine Zustimmung gegeben, worüber er sich sonst lustig machte.

Nach dem Frühstück besprach er sich mit Brotschi, dem Küchenchef, und Josefine, die gerade die letzten Tassen und Teller abtrocknete. Zurbrügg, der zweite Koch, dem noch drei freie Tage zustanden, hatte diese eingefordert und hatte das Hotel bereits verlassen, mit Lina und Ambros war nicht mehr zu rechnen. Josefine war bereit, als Küchenhilfe einzuspringen, und Brotschi, der wohl bemerkt hatte, wie anstellig sie war, war einverstanden, mit ihr zusammen in der nächsten Zeit die Küche zu machen, aber nur, weil sie noch in der Zwischensaison waren und wenig Gäste zu versorgen hatten. Das mit den Steinen könne ja nicht ewig dauern, und von Bruder Kajetan habe er schon gehört, der habe einen Wiedergänger gebannt, der in den Vollmondnächten das Anwesen seines Vetters heimgesucht habe. Ihm sei es recht, wenn der hierherkomme, denn etwas könne er sicher sagen, das alles sei nicht normal.

Vorsichtig wandte sich der Direktor an Josefine mit der Frage, ob am Ort jemals etwas Derartiges vorgekommen sei. Nein, sagte sie, nein, dachte nochmals nach und sagte dann, einen Klopfgeist habe es einmal gegeben, im Haus von Imoberstegs, das sei etwa fünfzig Jahre her, als dort die älteste Tochter verschwunden sei, aber als man sie Wochen später im Letziwald erhängt gefunden und vor der Kirchhofmauer beerdigt habe, habe das Klopfen aufgehört. Dass es in einem Haus Steine geregnet habe, sei jedoch ihres Wissens noch nie passiert. Sie werde, bis Pater Kajetan komme, in der Kirche ein paar *Ave Maria* beten, vielleicht helfe das schon ein bisschen.

Die Gewitter ließen im Lauf des Tages nach, hingegen nahmen die Steine, die in der Küche zu Boden fielen, wieder zu, am Abend lag eine ganze neue Reihe neben den bisherigen auf dem Anrichtetisch, Josefine hatte sie mit hölzernen Rührkellen von denen abgetrennt, die auf der übrigen Tischfläche lagen. Kurz vor dem Nachtessen kam der Pfarrer mit der Nachricht, Bruder Kajetan sei erkrankt und könne frühestens in einer Woche da sein. »Verdammt nochmal«, murmelte Brotschi, und Josefine bekreuzigte sich.

»Alles in Ordnung?« fragte Schnetzelmann, als der Direktor nach dem Nachtessen im Aufenthaltsraum vorbeikam.

»Keine Sorge«, entgegnete der Direktor, und umklammerte einen warmen Stein in seiner Jackentasche, »der Blitz hat nicht eingeschlagen.«

Er habe bloß gesehen, dass der Pfarrer zweimal gekommen sei, sagte Schnetzelmann und legte seinen Kopf etwas schief.

»Ach wissen Sie, wir sind in einer katholischen Gegend«, sagte der Direktor, »da hat ein Pfarrer immer etwas zu tun.«

Am folgenden Morgen teilte Schnetzelmann mit, dass er einen Tag früher abreisen müsse. Der Direktor begleitete ihn persönlich auf den nahen Bahnhof, ein Zimmerbursche zog den Überseekoffer auf einem kleinen Karren mit und lud ihn in den Erstklasswagen.

Als sich der Zug mit Schnetzelmann, der am Fenster stand und seinen Hut hob, in Bewegung setzte und hinter dem Kirchenhügel verschwand, fühlte der Direktor eine eigenartige Erleichterung.

An diesem Tag fiel kein einziger Stein mehr auf den Küchenboden, in den folgenden Tagen und Wochen auch nicht, und auf die Dienste von Pater Kajetan konnte verzichtet werden.

Das verlorene Lachen
eine Nacherzählung

Kinder, so lautet eine oft gehörte Schätzung, lachen etwa 400 Mal am Tag, Erwachsene etwa 15 Mal. Den Gang zur Freudlosigkeit, der dazwischen liegt, nennen wir Erziehung. Oder nehmen uns die Anforderungen des Lebens in einen Würgegriff, der gerade noch das Atmen, aber kein Lachen mehr zulässt? Darüber nachdenkend, kam mir der Titel einer Novelle von Gottfried Keller in den Sinn. Ich ging in das Bibliothekszimmer, zum großen, bis zur Decke reichenden Büchergestell, in dem die deutschsprachige Literatur alphabetisch eingeordnet auf Besuch wartet, auf *meinen* Besuch, und da war ich, und Gottfried Keller war auch da, gleich neben Daniel Kehlmann, und zwar mit seiner Gesamtausgabe, aber bevor es mit Ingomar Kieseritzkys Buch über seine Tanten weiterging, leuchteten ein paar gelbe Reclam-Bändchen hervor, die ich gerne auf Wanderungen oder Bergtouren mitnehme, und darunter war auch die gesuchte Kellersche Novelle *Das verlorne Lachen*, schon das fehlende e deutete einen Verlust an, und da ich im Sinn hatte, nächstens auf meine

Alp im Tessin zu steigen, legte ich es mir als Lektüre hin. Bloß wohin?

Als ich am Abend vor der Abreise meinen Rucksack packte, fand ich es nicht mehr.

Ich war mir sicher, dass ein Griff auf den Tisch im Bibliothekszimmer genügte, aber dort lagen nur Gegenstände, die auf der Alp fehlten, Clips zum Verschließen von angebrauchten Polenta- oder Risottopackungen etwa, eine Dose *Anti-Brumm* und eine Zange mit verstellbaren Greifern, ein sogenannter Engländer, aber kein Keller. Ich suchte an allen Orten, darauf wartend, dass mir das vertraute gelbe Büchlein von irgendeinem Tisch oder Tischchen entgegenlachte oder dass es vielleicht unter einer Zeitung hervorkicherte, aber es half nichts, es blieb verlorn.

Dinge zu suchen und nicht zu finden, gehört zu den Demütigungen des Alters, und dass man das Gesuchte vor Kurzem erst in der Hand hatte, macht die Sache noch schlimmer. Doch dann beschloss ich, aus der Opferrolle herauszutreten, nahm den vierten Band der Kellerschen Gesamtausgabe in die Hand, ging in die Küche und legte ihn auf die Waage, sie zeigte 1 kg an. Zum Vergleich wog ich das Reclam-Bändchen *Der Landvogt von Greifensee*: 75g. Ich war also bereit, aus Trotz ein kulturelles Übergewicht von nahezu einem Kilogramm den anderthalbstündigen steilen Weg zur Alp in der Sommerhitze hochzutragen, nur damit ich nachlesen konnte, wie Gottfried Keller jemandem das Lachen austrieb.

Im ersten Zug nach Süden, der den Bahnhof Zürich um zehn nach sechs Uhr verlässt, setzte ich mich in den Speisewagen, bestellte ein kleines Frühstück, las in der Zeitung, dass Demonstranten in Hongkong das Parlamentsgebäude gestürmt und verwüstet hatten, dass die deutsche Kapitänin eines Rettungsschiffes für Flüchtlinge in Lampedusa unter Hausarrest festgehalten wurde, und dass sowohl die Zahl der Einwanderer aus der EU in die Schweiz als auch die Zahl der Asylsuchenden markant abgenommen hatte.

Als der Zug den Vierwaldstättersee erreichte, blickte ich zum Schillerstein am gegenüberliegenden Ufer hinüber, dachte an Gottfried Keller, der seinen 70. Geburtstag in Seelisberg oberhalb des Rütlis gefeiert hatte, holte dann, kurz bevor wir in den längsten Eisenbahntunnel der Welt einfuhren, Band IV aus der obersten Rucksacktasche und begann die Geschichte zu lesen.

Sie nahm ihren Anfang an einem prachtvollen Sommermorgen mit einem Sängerfest, zu dem ein Männerchor aus Seldwyla marschierte, an der Spitze als Fähnrich ein schlank gewachsener junger Mann mit bildschönem Antlitz namens Jukundus Meyenthal, der mit seiner Fröhlichkeit und seinem eigentümlich angenehmen Lachen stets eine gute Stimmung verbreitete und deswegen in ganz Seldwyla beliebt war.

Eine Erzählung, in der eine Abwärtsbewegung angekündigt wird, muss mit einer Aufwärtsbewegung beginnen,

und so gewinnt der Seldwyler Männerchor das Wett-
singen mit dem Lied *Veilchens Erwachen!*. Bei der Preis-
verleihung taucht die schöne Justine Glor aus Schwanau
auf und überreicht Jukundus, der unversehens mit seiner
Fahne vor ihr stand und in frohem Glücke lachte, den Sie-
gerkranz. Und da strahlte wie ein Widerschein das gleiche
schöne Lachen vom Gesichte der Kranzspenderin.

Bei dieser Stelle hatte die Fahrt durch den Tunnel ein
Ende, und die strahlende Tessiner Sonne empfing den
Leser und die Festgemeinde. Es folgte eine Schifffahrt zur
Familie Glor in Schwanau, und als ich in Bellinzona in
die S-Bahn nach Locarno umstieg, war klar: die beiden
Schönen hatten sich ineinander verliebt.

In Locarno nutzte ich die halbe Stunde Aufenthalt, um
mir ein Paar Cervelats, einige Aprikosen und Tomaten
zu kaufen sowie einen Multivitaminsaft für den Aufstieg,
dazu in der bekannten Bäckerei *Al Porto* ein Brot, auf das
ich mit dem Wort »questo« zeigte, weil ich keinen Namen
dafür wusste.

Der Bus ins Maggiatal war mit »NON SALIRE« angeschrieben, der Chauffeur stand daneben und rief wie
in alten Zeiten »Vallemaggia!« aus. Die Batterie für die
Anzeige sei leer, »vuoto«, hörte ich ihn nachher zu einem
mitfahrenden Kollegen von der Centovallibahn sagen.

In Someo stieg ich aus, zusammen mit einem Wanderer,
der mich fragte, ob ich auch nach Alzasca unterwegs sei,
was ich verneinte, ihn aber darin bestärkte, dass das ein

sehr schönes Ziel sei, mit einem wunderbaren See oberhalb der Hütte.

Mein Weg ging auf der anderen Talseite hoch; gleich nach dem Dorf zog ich mein Hemd aus und legte mir ein Frottiertuch auf die Schultern. Beim Wanderstock, den ich mitgenommen hatte, ließ sich das untere Stück nicht mehr festschrauben, ich deponierte die beiden Teile am Wegesrand, um sie auf dem Rückweg wieder mitzunehmen. Es war Viertel vor zehn, die Sonne war im Talgrund gerade erst aufgegangen und hatte ihre volle Kraft noch nicht entfaltet, zum Teil führt der Weg auch durch schattige Kastanien-, Birken- und Eichenwälder. An drei Bildstöcken kommt man vorbei, beim zweiten, auf dem Christus ein Mahl mit zwei Jüngern abhält und das Brot mit einem gekrümmten Kastanienmesser schneidet, machte ich eine Rast, brach mir einen Ast als Wanderstab ab, aber ein Rucksack bleibt ein Rucksack, und er war ganz klar ein Kilogramm zu schwer.

Nach anderthalb Stunden in der Alphütte angekommen, galt es zuerst Wasser zu holen, den Ofen einzufeuern für eine Bouillon, eine kleine Grube für die Toilette zu graben, die Matratze aus der zweiten Hütte zu holen und dergleichen Dinge mehr, um die Behausung bewohnbar zu machen, und es wurde später Nachmittag, bis ich erfuhr, dass Jukundus als einziger Sohn in bescheidenen Verhältnissen bei seiner verwitweten Mutter lebt, dass er eine Ausbildung als Unterrichtsoffizier begonnen hat und dass er seiner Mutter mit etwas zu bewegten Worten seine Begegnung mit der schönen Justine schildert, um die er aber nicht zu werben wagt, da sie einer reichen Familie angehört, und er einer wenig bemittelten.

Doch nun wird die Mutter, vom Wunsche angespornt, ihrem Jukundi, wie sie ihn nennt, den bestmöglichen Weg ins Leben zu bereiten, zur Kupplerin. Es kommt in einem Kurhause, welches die Glors besuchen und in welchem auch Frau Meyenthal, Jukundis Mutter eben, sich eingefunden hat, zu einer erneuten Begegnung der zwei, als der Sohn im Urlaub vom Militär dort seine Mutter besucht, und hier scheint den Eltern Justines der Moment gekommen, trotz ihrer Standesvorbehalte in die Hochzeit der beiden einzuwilligen.

An dieser Stelle war es Abend geworden, ich bereitete mir einen kleinen Apero aus Knäckebrötchen zu, die ich mit einem Tessiner Ziegenkäse bestrich und fein geschnetzelte rote Peperonischeibchen darauf legte, und mit einem Zweier Prosecco, der als einziges alkoholisches Getränk noch im Keller übrig geblieben war, setzte dann eine Polenta auf, schnitt eine der beiden Cervelats in zwei Hälften, briet sie mit einer Frühlingszwiebel in Olivenöl und machte einen Salat aus einer mitgebrachten Endivie sowie einer in Locarno gekauften Tomate. Dazu trank ich ein Glas Rioja aus einem 37,5-dl-Fläschchen, das ebenfalls meinen Rucksack beschwert hatte.

Während des Essens war es dunkel geworden, ich zündete einige Kerzen an und las weiter, wie es den jungen Eheleuten erging.

Sie wohnten in Seldwyla, bei der Mutter von Jukundus. Dieser brach seine militärische Ausbildung ab und errichtete ein Handelsgeschäft, um das Bau- und Brennholz der Gemeinde anzukaufen und auszuführen. Man fing nun in großem Umfang an, die Wälder abzuholzen, »und es wandelte«, schreibt Keller, »ungesehen schon der Tod durch die weiten Waldeshallen und klopfte mit seinen Knochenfingern an die glatten Stämme.« Während Jukundus mit dem Handel einen ordentlichen Gewinn machte, begannen die Wälder einer nach dem andern zu fallen, und ihm wird es unheimlich, ja er beginnt sich zu schämen, und langsam verschwindet das Lächeln von seinem Gesicht.

Beim Fällen eines Stücks Mittelwald bleibt nur noch eine tausendjährige Eiche auf einem Hügel übrig, ein Baumdenkmal, das meilenweit zu sehen ist. Die Gemeinde verspricht sich einen besonderen Gewinn von diesem Baum, Jukundus versucht sie vergeblich davon abzubringen, und schließlich kauft er selbst den Baum, um ihn zu retten. Das ist der Anfang seines geschäftlichen Niedergangs. Am Ende muss er, um dem drohenden Konkurs zu entgehen, die Eiche der Gemeinde wieder verkaufen, zieht mit seiner Justine, die sich große Sorgen um ihn machte, nach Schwanau, und als sie langsam über eine ferne Bergeshöhe hinwegfahren und zurückschauen, sehen sie, wie die alte Eiche schwankt und auf einmal nur noch der leere Himmel an ihrer Stelle ist.

Während sich das Unheil über Jukundus zusammenzog, begann es draußen zu wetterleuchten, ich putzte mir am Wasserkanister vor dem Haus rasch die Zähne und kroch in meinen Schlafsack, und dann brauste ein Gewitter von den Hängen herunter, das mit seinen Blitzen die Nacht taghell erleuchtete und dessen Donner von der gegenüberliegenden Talseite widerhallte, sich geradezu verdoppelte, ein Sturm schüttelte die alten Kastanien und den riesigen Eichenbaum, dass ihre Kronen und Stämme jammerten, mit dem ganzen wilden Wald, der sie umgibt. Doch die über hundertjährige Alphütte, in der ich meine Matratze möglichst weit vom Eisenofen wegschob, blieb unbeeindruckt stehen, und vom gewaltigen Regen, der auf das Dach herabstürzte, drang kein einziger Tropfen durch die sorgfältig geschichteten Granitplatten herein.

Am nächsten Morgen kam der Hüttenbauer, der vor etwa zwölf Jahren an den drei Alphütten, die wir benutzen, kleinere Reparaturarbeiten durchgeführt hatte, um sich zu versichern, dass alle Balken, die das Dach tragen, noch hielten und dass das Dach nirgends leckte; für die nächsten zwanzig Jahre, fand er, könne ich beruhigt sein. Die Häuser werden dich überleben, so wie sie ihre Erbauer und ihre Nachkommen überlebt haben.

Auf einer der Hütten ist eine Jahrzahl in eine zementierte Fuge eingeritzt: 1873. In diesem Jahr schrieb Gottfried

Keller sein *verlornes Lachen*, davor die Initialen F. B. F., bestimmt steht der erste Buchstabe, so sagte ich mir immer, für Francesco, und ich sehe ihn vor mir stehen, stolz und selbstbewusst vor dem großen Stall für seine sechs Kühe, zehn Ziegen und sieben Schafe. Ein Alpnachbar, der heute 92 ist, erzählte mir einmal, zu seiner Jugendzeit habe es in Someo 600 Stück Vieh gegeben, heute gibt es kein einziges mehr.

Am Nachmittag zieht Jukundus bei der Familie seiner Frau in Schwanau ein, um in der Verwaltung der Seidenweberei mitzuarbeiten und Verantwortung für die weltweite Abwicklung des Handels zu übernehmen. Schon bald stellt sich aber heraus, dass er nicht nur den Geschäftspartnern, sondern auch den Arbeitern gegenüber zu leichtgläubig ist und nicht mit der notwendigen Schnelligkeit auf veränderte Umstände im Angebot oder der Nachfrage reagiert. Ehe ein halbes Jahr vorüber ist, hat er »wie ein verborgener Marder einen merklichen Schaden in Gestalt eines Mindergewinns angerichtet«, und man will ihn im Geschäft nicht weiter beschäftigen. Als er dies erfährt, macht er sich auf den Weg ins Pfarrhaus, um seine Frau abzuholen, die dort einem Vortrag des Pfarrers beiwohnt.

An dieser Stelle rief mich der Förster auf meinem Handy an, denn ich hatte abgemacht, dass jemand von der *Agenzia forestale* vorbeikäme, um die Probleme zu besprechen, die sich mit den Kastanien und den Birken ergeben hatten.

Der Leiter dieser Arbeiten, sagte mir der Förster, müsse an einer Suchaktion für einen Vermissten im Val Bavona teilnehmen, und fragte, ob ich denn um vier Uhr noch da sei. Dies bejahte ich und las dann weiter über den Pfarrer, der eine restaurative Bewegung unterstützt, welche die Kirchen wieder von der protestantischen Schmucklosigkeit befreien will und deshalb an vermögenden Gemeindemitgliedern wie Justine interessiert ist.

Der Förster telefonierte nun nochmals, um mir mitzuteilen, die Suchaktion dauere noch an, und falls ich morgen Vormittag noch auf der Alp sei, kämen sie um acht Uhr mit dem Helikopter.

Das ließ mir die Zeit, um auch noch Jukundus' Disput mit dem Pfarrer mitzubekommen, der ihm schwere Vorwürfe wegen seines auffälligen Fernbleibens von der Kirche macht. Auf dem Heimweg lässt Justine den Arm ihres Mannes plötzlich fahren, sie schreit ihn an, er möge gehen, wohin er wolle, sie werde ihm nicht folgen, wenn er in ihrem Hause nicht zu gedeihen vermöge. Das führt dazu, dass Jukundus samt seiner Mutter, die auch mit ihm nach Schwanau gezogen ist, noch in derselben Nacht heimlich das Glor'sche Haus verlässt und in die Hauptstadt zieht.

Justine versucht am andern Morgen vor dem Spiegel schmerzlich zu lächeln, »allein ihr Mund und beide Wangen waren starr und unbeweglich wie Marmor, und der Mund blieb von nun an verschlossen, vom Morgen bis zum Abend und einen Tag wie den andern.«

Das tat mir leid, aber trotzdem machte ich mir auf dem Holzofen ein Gemüserisotto mit Peperoni und Zucchetti und trank dazu den Rest Rioja. Am späteren Abend meldete sich zwar wieder ein Gewitter an, es blieb jedoch beim fernen Donnerrumpeln, und während der Dämmerung setzte ich mich auf die Wiese vor der Hütte, spielte etwas auf meiner Blockflöte, schaute den Fledermäusen zu, die herumzuschwirren begannen, und als es dunkler wurde, schwebten hinter der unteren Hütte Leuchtkäfer herauf und tanzten über die Wiese an mir vorbei in die Tiefe der Wälder. Die vollkommene Lautlosigkeit wurde nur ab und zu vom Brummen eines Flugzeugs hoch oben auf dem Weg nach Milano unterbrochen, danach war es umso stiller.

Bevor ich mich schlafen legte, zündete ich die sieben Kerzen auf dem Tisch an, um zu erfahren, wie es Jukundus in der Landeshauptstadt erging. Er traf dort einen alten Militärkameraden, der ihm eine Stelle in seinem Geschäft anbot, und nun war er auf einmal in der Lage, seine Tätigkeit so zu verrichten, dass sie für seinen neuen Arbeitgeber zum Erfolg beitrug. Allerdings schloss er sich einer Bewegung an, die sich zum Ziel setzte, hochgestellte Persönlichkeiten des öffentlichen Lebens durch üble Nachrede an der Weiterführung ihres Amtes zu hindern. Als er einmal während einer größeren Versammlung mit den Anwesenden beriet, welchen Volksfeind und Unterdrücker man als Nächsten drannehmen könnte, rief einer, da müsse das Ölweib her, eine alte Frau, die in einer entlegenen Hütte wohne und die es verstehe, in wenig Tagen ein Gerücht im ganzen Land zu verbreiten. Jukundus anerbot sich, die Mission zu übernehmen.

Hier löschte ich die Kerzen aus und schlief sehr bald ein, doch als ich um halb drei Uhr auf Drängen meiner Blase erwachte, konnte ich nicht gleich wieder einschlafen, setzte mich an den Tisch und erfuhr im Schein meiner Solartaschenlampe, die sich tagsüber mit Licht vollgesogen hatte, dass das Haus Glor in den Strudel einer Weltwirtschaftskrise geraten war und mit der Armut Bekanntschaft machte.

Justine ist verstört und erinnert sich nun an eine Frau und ihre Tochter, die in der Weberei gearbeitet und immer einen glücklichen Eindruck erweckt hatten, obwohl sie praktisch nichts besaßen, und sie macht sich auf, die beiden zu besuchen. Währenddessen setzte sich auf einmal ein zierlicher kleiner Nachtfalter auf den Text, mit einer überaus feinen Zeichnung auf seinen vier Flügeln, und wenig später, als hätte ihn der erste gerufen, ein zweiter. Ich musste die Seiten sehr vorsichtig wenden, weil die beiden offenbar weniger schnell lasen als ich, und es hatten sich bereits vier Falter auf den Kellerschen Seiten niedergelassen, als meine Solartaschenlampe zu flackern begann, bevor ihre Lichtvorräte erschöpft waren und sie mich zu Bett schickte, denn ich war zu bequem, die sieben Kerzen nochmals anzuzünden, sodass ich mich verkroch und beim Ruf des Waldkauzes wieder einschlief.

Am nächsten Morgen landete kurz nach acht Uhr auf der gut gemähten Wiese des Alpnachbars unterhalb unserer Wildnis ein Helikopter, und der Förster stieg zusammen mit dem Leiter der Waldarbeiten aus. Der Vermisste, ein Pilzsammler, war gestern Abend gefunden worden, und gemeinsam schauten wir jetzt alle großen dürren Äste der Kastanienbäume an, die es abzusägen galt. Einer davon war auf eine verfallene Hütte nah bei unserer bewohnten Hütte gestürzt und lag zudem schräg über dem Fussweg. Die Hitze des vergangenen Sommers hatte auch den Kastanien zugesetzt, sie seien, meinte der Förster, zwischen 300 und 400 Jahren alt, ihre knorpligen Rinden legen sich wie Rüstungen um die riesigen Stämme, die sich in zwei oder drei Hauptstämme teilen, und jeder der Bäume bildet fast einen kleinen Wald.

Dann schauten wir die Bäume an, welche den Kastanienkronen im Weg standen, die Birken, die zum Teil schon umgestürzt dalagen wie gefallene Krieger oder die sich so über die Hütten neigten, dass sie auf ihre Dächer kippen könnten. Der Förster markierte sie alle mit einem roten Spray, für die Bäume bedeutete das, dass der Tod mit seinen Knochenfingern an die glatten Stämme klopfte. Im Herbst werden die Rodungen ausgeführt werden, wenn kein Laub mehr da ist, aus den krummen Ästen wird es Holzhaufen geben, die für den Ofen zu gebrauchen sind, die Stämme wird man so zersägen, dass sie mit dem Helikopter ins Tal gebracht werden können.

Die beiden verabschiedeten sich und gingen zu Fuß ins Tal hinunter, ich räumte auf, verschloss die Hütten und begab mich ebenfalls auf den Abstieg.

Mein Wanderstock lag noch da, frisch zusammengesetzt, und ließ sich erstaunlicherweise wieder problemlos ausziehen, der Bus brachte mich nach Locarno, in der S-Bahn nach Bellinzona aß ich die zweite Cervelat mit dem Rest des questo-Brotes, und im Schnellzug nach Zürich las ich im Band IV, dessen Schnitt etwas gelitten hatte, den letzten Teil der Novelle; dort will es der Zufall und der Dichter, dass die armen, aber zufriedenen Frauen, die Justine besucht, im selben abgelegenen Haus wohnen wie das Ölweib.

Bis Biasca wurde mir noch die Lebensgeschichte der armen Frau erzählt, die ihren Frieden in einer verfolgten Glaubensgemeinschaft gefunden hatte, im großen Tunnel folgte dann das hässliche Gespräch zwischen Jukundus und dem Ölweib, das mit einem Schrei des Weibs endet, der Justine aus dem andern Hausteil herbeiruft, und als der Zug aus dem Nordportal in die Sonne des Reusstales hinausglitt, war die Versöhnung der beiden Eheleute nicht mehr aufzuhalten; vom Schillerstein herüber glänzten die goldenen Buchstaben, die zwei bekamen später einen Sohn und eine Tochter, welche sie Justus und Jukunde nannten, und sie hatten ihr Lachen wiedergefunden.

Nur ich, als ich nach Hause kam und nochmals überall suchte, wo ich das gelbe Reclam-Bändchen hingelegt haben könnte, fand es nicht mehr. War das möglich, dass es verlorn war? Nein, das konnte nicht sein. Doch, drei Tage lang konnte es sein, und erst am vierten Tag entdeckte es meine Frau unter einem Spielzeugxylophon, auf dem ich mit meiner Enkelin zusammen *Alle meine Entlein* geübt hatte. Als es uns nach mehreren Anläufen gelungen war, hatten wir beide gelacht.

Abschied

An einem trüben Tag im Mai des Jahres 1809 beschloss Joseph Haydn, einen kleinen Ausflug zu machen. Als ihm sein Kammerdiener Johann Elßler das Frühstück brachte, einen dampfenden Kräutertee und ein Kipferl, bat er ihn alsogleich, ihm beim Anziehen behilflich zu sein und einen Laufburschen nach einem Lohnkutscher zu schicken. Erschrocken fragte Elßler seinen Dienstherrn, was er denn vorhabe, denn dieser hatte in den letzten Wochen das Schlafzimmer seines Hauses nur noch für kurze Zeit verlassen, um sich an sein Klavier zu setzen und darauf ein bisschen zu phantasieren. Wenn er dann »Gott erhalte Franz, den Kaiser« spielte, wusste Elßler, dass er ihn wieder zu Bett bringen musste, denn zu mehr reichte die Kraft des alten Mannes nicht mehr.

An Ausgehen war schon lange nicht mehr zu denken; vor einem guten Jahr hatte man ihn noch in die Aula der Universität gebracht, damit er der Festaufführung der »Schöpfung« beiwohnen konnte, die Salieri dirigierte. In einen Sessel hatte man ihn gesetzt, und als er gebeten hatte, nach dem ersten Teil nach Hause gehen zu können, hatten ihn zwei kräftige Burschen samt dem Sessel aufgehoben und durch den Saal hinaus in die Kutsche getragen. Elßler hatte am Eingang der Universität auf ihn gewartet. Dort hatte Haydn den Burschen befohlen, den Sessel so zu drehen, dass er dem Publikum zuwinken konnte, welches ihm so stark applaudierte, dass ihm die Tränen über die Wangen liefen. Und jetzt wollte er einen Ausflug machen, als ob er nicht schwach und auf den Tod krank wäre, und zu Mittag hatte sich der Medicus angemeldet mit einer neuen stärkenden Latwerge, die ihm der Apotheker von Fürst Nikolaus gemischt hatte. Ob er denn nicht den Besuch des Arztes abwarten wolle, fragte Elßler in allergrößter Sorge, aber Haydn sagte lächelnd, er solle ihm die fürstliche Kapellmeisteruniform aus dem Schrank holen und den Degen dazu, er müsse doch etwas vorstellen, wenn er seine Gumpendorfer Fuchshöhle schon einmal verlasse.

Kopfschüttelnd öffnete der Kammerdiener den großen Kirschholzschrank, ein Möbel, das Haydn bei seinem letzten Umzug aus Schloss Esterháza hatte mitbringen lassen, nahm das Gewand des ersten Hofmusicus heraus und ging damit aus dem Zimmer. Wo er hinwolle, murrte Haydn. Er gehe nach draußen, den Anzug abklopfen und bürsten, damit sein Herr nicht vom Staub molestiert werde.

»Dann schick gleich nach der Kutsche!« rief ihm Haydn nach und tunkte vergnügt sein Kipferl in den Kräutertee.

»Wie sehe ich aus?« fragte er wenig später, als er mit aufgesetzter, gepuderter Perücke und umgehängtem Degen in seiner Uniform vor dem Spiegel stand und sich mit einem leichten Schwung auf dem Absatz drehte.

»Prächtig sieht Er aus, Papa«, sagte Elßler, der immer noch nicht fassen konnte, was in seinen Meister gefahren war. Dieser ging mit sicherem Schritt zu seiner Kommode, nahm eine Schatulle heraus, auf der das alte Schloss Eisenstadt abgebildet war, öffnete sie und steckte sich einen der kleinen Geldbeutel daraus in die Tasche, nicht ohne sich kurz versichert zu haben, dass sie mit genügend Gulden gefüllt war. Dann musste er sich setzen, weil er von einem starken Schwindel heimgesucht wurde.

Nun rief aus dem unteren Stockwerk der Lohnkutscher, und sein Kammerdiener fragte Haydn, ob er wirklich hinauswolle, erwähnte nochmals den angekündigten Arztbesuch, aber Haydn ließ sich nicht beirren. Er wollte zuerst nochmals zum Pianoforte gebracht werden, das im angrenzenden Musikraum stand, Elßler musste ihn stützen, konnte ihn auf den Klavierstuhl setzen, und Haydn spielte das Kaiserlied. Verflixt, murmelte er, das sei zu hölzern, als ob er an Krücken ginge, und spielte es gleich nochmals, jetzt fast etwas tänzerisch, und war sehr zufrieden. Erneut rief der Kutscher von unten, seine Pferde würden nicht bis zum Abend warten. Wohin er denn gefahren werden möchte und ob er ihn begleiten solle, fragte Elßler, doch Haydn sagte ihm, das soll er nur seine Sorge sein lassen, und er brauche keine Begleitung. Als er allerdings oben an der Treppe stand und sich über die vielen Stufen verwunderte, ließ Elßler den Kutscher nach oben kommen, und gemeinsam stützten sie den alten Mann, der am ganzen Leib zitterte, führten ihn die Treppe hinunter und halfen ihm in die Kutsche.

Ob er zu Mittag wieder da sei, fragte ihn Elßler, doch Haydn gab ihm keine Antwort, und als der Kutscher, ein hagerer Mann mit einem länglichen Gesicht, fragte: »Wohin geht's?« zeigte Haydn zur Steingasse hinaus. »Zum Hospital St. Elisabeth?« fragte der Kutscher mit einer Mischung aus Teilnahme und Misstrauen. Haydn verneinte und sagte, er solle durch die Mariahilfer Straße nach Westen fahren, auf die Linzer Straße.

»Jesses, Papa, wohin will er denn?« fragte Elßler, doch Haydn hatte den Vorhang des Verschlags schon zugezogen.

»Geld hat er?« fragte der Kutscher den Kammerdiener.

»Mehr als genug«, entgegnete dieser leicht pikiert, »was meinen's denn?«, und der Kutscher bestieg den Bock, löste die Bremsen und trieb seine zwei Schimmel mit einem Peitschenhieb an.

Ungläubig blieb Johann Elßler vor der Haustür stehen. Nach Westen wollte sein Dienstherr, nicht etwa nach Osten, in der Richtung von Fürst Nikolaus, nicht nach Eisenstadt oder Esterháza. Dann fiel ihm ein, dass die Stadt ja seit Kurzem von den Franzosen okkupiert war und dass die Ausfallstraßen bestimmt von der napoleonischen Armee kontrolliert wurden, die kaum eine private Kutsche mit unbestimmtem Ziel durchlassen würde. Das hieß doch wohl, dass Haydn spätestens zum Mittagessen wieder zurück sein würde, vielleicht sogar schon zum Besuch des Arztes, und er ging in die Küche, um mit der Köchin zu besprechen, was dem Patienten als Mittagsmahl bekömmlich wäre.

Tatsächlich wurde der Wagen am Ende der Mariahilfer Straße von einer französischen Patrouille angehalten: »Linzer Straße? Non – qui est dedans?« Der Kutscher verstand kein Französisch, und der Soldat kein Deutsch, aber als er an die Tür der Kutsche klopfte und Haydn den Vorhang zurückzog, rief der Kavallerieoffizier, der die Patrouille befehligte, mit allen Zeichen der Bewunderung: »Bonjour, monsieur Haydn!« Haydn nickte freundlich, ja huldvoll zurück. Der junge Offizier kam ihm bekannt vor. Ob es am Ende der war, der ihn vor wenigen Tagen besucht und mit ihm über die »Schöpfung« diskutiert hatte, ihm dann sogar eine Arie daraus vorgesungen hatte? Hauptsache, er war ihm gewogen, er ritt jetzt der Kutsche voraus und lotste sie zwischen den verschiedenen Wachtposten durch, bis sie auf der Linzer Straße angelangt waren. Dann hieß der Offizier den Kutscher warten, ging in das Haus, in dem ein Besatzungsbüro einquartiert war und kam mit einem eingerollten Papier wieder zurück, das er dem Kutscher mit den Worten »Un laisser-passer pour monsieur Haydn« übergab.

Hinter ihnen detonierte eine Sprengladung, und gleich darauf noch eine, denn die Stadtwälle wurden geschleift, und die Pferde erschraken derart, dass sie sofort lostrabten, ohne dass sie der Kutscher anzutreiben brauchte. Aber er wusste jetzt, dass er einen wichtigen Passagier beförderte. Während des Wartens hatte er Haydn gefragt, wohin er denn weiter wolle, und der hatte geantwortet: »Zum Sonnenuntergang.«

Hinter zugezogenen Vorhängen saß er in der Kutsche, die nun ungehindert westwärts rumpelte. Dass er in seinem Alter noch einmal vom Krieg eingeholt wurde ... Er traute den Franzosen nicht, seit sie ihre Königin Marie-Antoinette geköpft hatten, eine Tochter der Kaiserin Maria Theresia, in Wien geboren und aufgewachsen, etwas früh nach Frankreich verheiratet, aber das war ja wohl nicht ihre Schuld. Dass man in Frankreich die Monarchie abschaffen wollte, war etwas vom Unerhörtesten, was zu seinen Lebzeiten geschah, und dass man dort dann doch wieder zum Kaisertum zurückkam, hatte ihn zufrieden gestellt, wenn auch nicht versöhnt. Napoleon kam zwar nicht aus dem Adel, mit dem sich Haydn immer gut verstanden hatte, aber er wusste, was sich gehört, immerhin hatte er bald nach der Eroberung Wiens eine Ehrengarde zu seinem Haus geschickt. Selber war der Feldherr nicht gekommen, nicht wie der englische Admiral Nelson, als er den Fürsten von Esterházy vor ein paar Jahren besucht hatte. Das war vielleicht ein Kriegsherr, der in den

Schlachten nicht nur ein Auge verloren hatte, sondern auch den rechten Arm, sodass er ihm bei der Begrüßung die linke Hand schütteln musste und die schöne Lady Hamilton an seiner Seite links von ihm ging, damit sie seinen Arm ergreifen konnte. Für Nelson hatte er ja sogar eine Kriegskantate geschrieben, im Auftrag seines Fürsten, etwas über seine Schlacht am Nil, für Sopran und Klavier, genügend einfach, damit es Lady Hamilton singen konnte, die gar keine Sängerin war. Fürst Nikolaus hatte ihn damals vertraulich darum gebeten. Sie hatte es offenbar später oft vorgetragen, und wenn applaudiert wurde, habe sie es sofort nochmals wiederholt, bis zu vier Malen, hatte man ihm Jahre später zugetragen. Haydn schmunzelte, er hatte so etwas geahnt und sie dafür mit einer über die Maßen langen Klaviereinleitung bestraft.

Seine Frauenzimmer, die er verehrt hatte, konnten alle singen, außer dem Weib, das er geehelicht hatte. Am schmerzlichsten vermisste er die Genzinger, die schon mit 43 sterben musste, obwohl ihr Mann Arzt war, ihr hatte er vieles gewidmet, und bei der Klaviersonate hatte sie ihn darum gebeten, im Adagio die Stelle abzuändern, wo sie mit der linken Hand über der rechten spielen musste, weil sie das nicht gewohnt sei. Ja, die Freundinnen, sie verlangten immer etwas von ihm, aber abgeändert hatte er die Passage nicht, dafür war sie zu schön. Haydn seufzte. Die Polzelli in Esterháza, die Schröter in London, beide hätte er gern geheiratet, aber die Polzelli nahm nach dem

Tod ihres Mannes einen andern, irgendeinen eitlen italienischen Fant, und Rebecca, die wunderbare Witwe, meinte, sie sei zu alt für ihn. Und als seine Anna Maria endlich starb, war er selber zu alt, um noch etwas mit Weibern anzufangen. Haydn war eingenickt und erwachte von eigenartigen Geräuschen. Als er den Vorhang etwas zurückzog, sah er, wie seine Kutsche von seltsamen Fahrzeugen überholt wurde; sie wurden nicht von Pferden gezogen, sondern bewegten sich scheinbar aus eigener Kraft, auf einer anderen Bahn kamen ihnen ebensolche Fahrzeuge entgegen, alle hatten Lichter aufgesetzt, manche hatten die Größe einer Kutsche, andere waren bedeutend mächtiger, einmal sah er ein Fuhrwerk, das Baumstämme geladen hatte, mit unglaublicher Geschwindigkeit und unglaublichem Lärm über die Landstraße brausen, welche im Übrigen nicht gepflästert, sondern mit einem merkwürdig glatten Belag bedeckt war, auf dem auch die Kutsche überaus sanft dahinrollte. Als er an das kleine Fenster hinter dem Bock klopfte, beugte sich der Kutscher herunter, aber es war nicht mehr der von der Steingasse. Er erinnerte ihn an den Pförtner der Freimaurerloge »Zur wahren Eintracht«, doch seit die Freimaurerei verboten worden war, hatte er ihn nie mehr gesehen. Haydn rief ihm die Frage zu, ob sie in ein Maschinentheater geraten seien, denn etwas anderes konnte er sich nicht vorstellen, allerdings ein Maschinentheater gigantischen Ausmaßes, aber der Kutscher lachte

nur, vielleicht hatte er ihn gar nicht verstanden. Er hielt
bloß den Daumen nach oben und spornte die zwei Pferde
an, die auf einem Posten gewechselt worden sein mussten,
denn es waren zwei schwarz gefleckte Apfelschimmel, die
nun über die Straße galoppierten, dahinflogen fast, was
Haydn ängstigte.

Haydn zog den Vorhang zu und verkroch sich im abge-
wetzten Eckpolster der Kutsche, legte sich auch eine Woll-
decke über die Knie, denn er fror ein bisschen. So musste
er eingeschlummert sein, und als er erwachte, stand das
Gefährt still, der Kutscher öffnete den Schlag und bat ihn,
auszusteigen.

»Jetzt erkenn ich Sie wieder«, sagte Haydn lächelnd, Sie
sind der Logenpförtner, der Mader Gustl, wohin geht's
denn?«

»Ich soll Sie zum Länderspiel bringen«, sagte dieser,
fasste Haydn beim Aussteigen unter den Arm und ging
dann mit ihm an einer Reihe von Menschen vorbei zum
Eingang eines gewaltigen Gebäudes, das einem römischen
Amphitheater glich. Er geleitete ihn zu einer Tribüne, wo
ihm zwischen dunkel angezogenen Herren ein Platz zuge-
wiesen wurde. Eine junge Frau überreichte ihm aus einem
Korb eine Flasche mit Wasser, sie hatte einen adretten Lo-
ckenkopf, aber Haydn starrte verwundert auf ihre Beine.
Gab es denn sowas? Ihre Beine steckten in Hosen. Als er
den Blick wieder hob, waren auf einem grünen Rasen in
der Mitte des Amphitheaters zwei Gruppen von Männern

aufmarschiert, die sich nun in zwei Kolonnen aufreihten. Abermals wunderte sich Haydn über ihre Kleidung, eine Art farbiger Unterwäsche, mit kurzen Hosen jedenfalls, die einen in Weiß gekleidet, die andern in Rot. Und jetzt erklang, von einem unsichtbaren, aber außerordentlich gut besetzten Blasorchester gespielt, über den ganzen Platz eine Melodie, die er in seiner Londoner Zeit in einer Krönungsmotette von Händel gehört zu haben glaubte, und die Münder der Männer in der roten Unterwäsche öffneten sich und sangen mit, allerdings war kein Text zu verstehen, und während er noch darüber nachgrübelte, wann genau ihm diese Melodie begegnet war, erschallte nun ein Bläsersatz, den er allerdings sofort erkannte, es war nichts anderes als sein Kaiserlied, und diesmal schienen die Männer in Weiß mitzusingen.

Gleichermaßen erstaunt und erfreut drehte Haydn den Verschluss seiner eigenartig weichen Flasche und trank einen Schluck herrlich prickelnden Wassers daraus. Dem Spiel, das nun begann, konnte er nicht viel abgewinnen, offenbar ging es darum, einen Ball in einen Kasten zu befördern, der von einem Wächter in schwarzen Handschuhen gehütet wurde. Er verstand nicht, warum die Spieler den Ball nur mit den Füßen traktierten und niemand die Hände dazu benutzte, was doch viel einfacher gewesen wäre.

Nach einer Weile stand der Mader Gustl wieder neben ihm.

»Wir müssen weiter«, ermahnte er ihn.

Haydn stand auf, nickte seinen Nachbarn zu, die ihn nicht zur Kenntnis zu nehmen beliebten, und verließ dann am Arm seines Kutschers das Theater, in dem die Zuschauermengen gerade in ein Jubelgeheul ausbrachen, weil einem Spieler ein Kastentreffer gelungen war.

Als sie zur Kutsche kamen, waren die Pferde ausgewechselt worden, es waren nun zwei Rappen, die ihn ungeduldig wiehernd erwarteten, und auf dem Bock saß ein anderer Kutscher, leicht bucklig schien er ihm, und er nickte ihm mit einem schiefen Lächeln zu.

Haydn blieb einen Moment stehen, schnippte dann mit den Fingern und rief:»Der krumme Teufel!«

Ein Grinsen ging über das Gesicht des Kutschers, der Freimaurerpförtner half Haydn beim Einsteigen, der zog den Vorhang zu, lehnte sich in die Polster zurück und schüttelte den Kopf. Er wusste immer weniger, was hier vor sich ging, denn im neuen Kutscher, der jetzt seine Pferde zum Aufbruch antrieb, hatte er den Volksschauspieler Kurz erkannt, der seinerzeit in seiner Oper »Der krumme Teufel« die Hauptrolle gespielt hatte. Die Partitur hatte er lange gesucht, als er mit Griesinger über sein Leben sprach, aber sie blieb verschwunden. Zweimal war seine Wohnung abgebrannt in Esterháza, und mehrmals hatte er seine Frau dabei erwischt, wie sie ihre Lockenwickler mit seinen Manuskripten reinigte. Was für ein Fehler war es gewesen, sie zu heiraten, nachdem ihre jüngere Schwester Therese, der seine Liebe galt, in ein Kloster geschickt worden war.

Wieso nur dauerte es so lange bis zum Sonnenuntergang? Ihm kam es vor, als sei er schon Tage unterwegs. Er öffnete den Vorhang und erschrak. Zwischen den abendlich geröteten Wolken war ein großes Luftschiff zu sehen, das mit erleuchteten kreisrunden Fenstern und großem Donner über den Himmel brauste. »Kurz!« rief Haydn und klopfte ans Fensterchen zum Kutscherbock, »Kurz! Was ist das?« Kurz hatte große Erfahrung mit Bühneneffekten und konnte ihm vielleicht diese Illusion erklären.

Aber der Kutscher drehte sich nicht um, und Haydn war es, als sei es schon wieder ein anderer geworden. Das Tempo war nun rasend, und ihm drehte sich alles im Kopf.

Einmal hörte er den Anfang einer seiner Flötensonaten vom Kutscherbock, die in G-Dur, war das möglich, ein Kutscher, der Flöte spielte, ein bisschen schnell, aber wunderbar, so schnell, wie alles hier ging, und als der Kutscher nun sein Gesicht doch zum Fensterchen niederbeugte, war es nicht mehr die Fratze von Kurz, sondern ein schöner Mann mit vollem, etwas gewelltem Haar, der ihn aus großen Augen freundlich anblickte und ihm lächelnd seine Flöte hinhielt.

Haydn war erleichtert, als die Kutsche endlich wieder zu holpern begann, da sie offenbar auf einer gepflästerten Straße fuhr, wie bei seinem Aufbruch in Wien.

Nun stand sie still, die Tür wurde geöffnet, davor stand der Kutscher, fasste Haydn zum Aussteigen unter den Arm, zeigte ihm das offene Portal einer Kirche, aus der man Orchestermusiker hörte, die ihre Instrumente stimmten, verbeugte sich dazu und sagte: »Benvenuto, Signor Haydn, le invitiamo ad assistere al suo addio.«

Die Nachtigall

Als Selina eines Nachts um 1 Uhr kurz aufstand und das Fenster ihres Schlafzimmers öffnete, um etwas frische Luft hereinzulassen, fragte sie sich, ob sie noch träume, denn was sie hörte, war zweifellos Vogelgesang. Ihre Zweizimmerwohnung lag an einer Straße, die am Waldrand entlang führte, es war Anfang Mai, da konzertierten tagsüber die Amseln, aber dass nachts ein Vogel sang, hatte sie noch nie erlebt in den sechs Jahren, seit sie hier wohnte. Zuerst dachte sie, es könne ein Wellensittich an einem offenem Fenster irgendwo in der Nachbarschaft sein, aber als sie die vielen Variationen bemerkte, die mit kleinen Pausen von hohen Zirprufen bis zu einem kehligen Schnarren reichten und durch gedehnte Pfiffe und anmutiges Zwitschern miteinander verbunden waren, wurde ihr klar, dass es nur eine Nachtigall sein konnte. Sie blieb eine Weile unter dem Fenster stehen und ließ den Zauber der ungewohnten Töne auf sich wirken, bevor sie sich hinlegte und mit einem Glücksgefühl wieder in den Schlaf fiel.

Sie war Mathematiklehrerin an der Kantonsschule einer Kleinstadt im Mittelland, und am nächsten Tag fragte sie ihre Kollegin Saskia, die Biologie unterrichtete, ob es möglich sei, dass es so nahe bei der Stadt Nachtigallen gebe. Sicher, sagte diese, sie selbst habe das letzte Mal in Berlin eine singen gehört, in der Nähe des Olympiastadions; Pärke mit genügend großem Baumbestand kämen als Habitat in Frage, und in den Wäldern bevorzuge der Vogel oft den Waldrand. Dass in ihrer Stadt eine Nachtigall beobachtet worden sei, habe sie allerdings noch nie gehört, aber sie wohne noch nicht so lange hier und werde sich einmal erkundigen, beim Ornithologischen Verein vielleicht, oder bei der Vogelwarte Sempach. In der nächsten Nacht ließ Selina das Fenster offen, wartete aber vergeblich auf den Gesang der Nachtigall.

Tags darauf erzählte ihr Saskia im Lehrerzimmer, sie habe mit einem Mann vom Vorstand des Ornithologischen Vereins gesprochen, und der habe zum letzten Mal vor über 20 Jahren im Auenwald am alten Flusslauf eine Nachtigall singen gehört, aber seit dort die Baustelle für die Umfahrungsbrücke eingerichtet worden sei, sei keine mehr verzeichnet worden, auch nach dem Ende des Baus und der Eröffnung der Brücke nicht. Er interessiere sich sehr und bitte sie, ihm eine Nachricht zu geben, wenn sie das nächste Mal eine höre. Sie gab ihm seine Handynummer und sagte, dasselbe gelte natürlich auch für sie selber, und sie dürfe sie ruhig nachts anrufen, sie würde sich dann aufs Fahrrad setzen und schnell zu ihr rüberkommen.

Es dauerte ein paar Tage, bis Selina, die schon im Pyjama war und gerade zu Bett gehen wollte, den Gesang wieder vernahm. Diesmal kam er nicht vom Waldrand, sondern der Vogel musste etwas tiefer im Wald sitzen, war aber immer noch sehr klar zu hören. Sie zog sich wieder an, überlegte sich, ob sie Saskia wirklich anrufen sollte, es war immerhin schon halb zwölf, und tippte ihr dann eine Textnachricht in ihr Handy. Die Antwort war sofort da: »Komme!«

Eine Viertelstunde später standen die beiden Frauen vor der Tür des kleinen Mehrfamilienhauses, in dem Selina wohnte. Saskia war entzückt und bekräftigte, dass dies nur eine Nachtigall sein konnte. Zusammen gingen sie zum nächsten Fußweg, der in den Wald hineinführte. Selina hatte eine Taschenlampe mitgenommen, Saskia aktivierte die Lampe ihres Handys, und zusammen versuchten sie sich auf dem Weg dem Ursprung des Gesangs zu nähern, kamen aber nicht viel näher an den Vogel heran. Selina glaubte, die Nachtigall habe sich entfernt, Saskia meinte, es liege eher am Weg, der einen leichten Bogen machte. Sie wagten nicht, ihn in der Dunkelheit zu verlassen, da auf der Seite, von welcher der Gesang kam, ein kleiner, mit Gebüsch überwachsener Abhang war.

Als die beiden wieder vor Selinas Haustür standen, fragte Saskia, ob sie eigentlich den Ornithologen auch benachrichtigt habe. Daran habe sie gar nicht gedacht, sagte Selina; einen Mann, den sie nicht kenne, nachts anzurufen, sei ja auch nicht gerade das Naheliegendste.

Sie beschlossen dann, ein Treffen mit ihm abzumachen, Saskia hatte vor, im nächsten Semester etwas über die Krähen-Schlafbäume beim Stauwehr zu machen, von denen sie erst kürzlich gehört hatte, und war schon deswegen an einem lokalen Kontakt interessiert. »Wenn uns nichts in den Sinn kommt, können wir immer noch über die Krähen sprechen«, sagte sie. Selina fragte sie, ob sie noch für einen Drink zu ihr hinaufkomme, aber Saskia schaute auf die Uhr und winkte ab, sie habe morgen gleich um acht Uhr die erste Klasse, schwang sich auf ihr Fahrrad und fuhr zurück.

Selina ging in ihre Wohnung, stellte sich unter das Fenster und lauschte in den Wald hinaus, aber der Gesang der Nachtigall war verstummt. Sie merkte, wie sehr sie Saskias nächtlicher Besuch gefreut hatte. Sie lebte nicht allzu gesellig, sie war im Engadin aufgewachsen, hatte in Zürich studiert, eine Freundschaft mit einem ehemaligen Studienkollegen war vor zwei Jahren in die Brüche gegangen, als Selina entdeckt hatte, dass es neben ihr noch eine zweite Frau gab. Ihre Kontakte mit Kolleginnen und Kollegen hielten sich in Grenzen, sie hatte ohne zu wissen warum, stets das Gefühl, sie sei nur vorläufig hier.

Der Hobby-Ornithologe, ein Herr Roth, erwies sich als ein gut gelaunter pensionierter Eisenbahner, der ebenso kenntnisreich wie gesprächig war. Sie hatten sich auf Saskias Wunsch im ältesten chinesischen Restaurant der

Stadt verabredet, das für sein hervorragendes Teeangebot bekannt war. Herrn Roth gefiel das Treffen mit den beiden jungen Frauen, und während sie einen geräucherten Lapsang Souchong tranken, zeigte er ihnen einen etwas abgegriffenen Ordner mit Beobachtungen, welche die Vereinsmitglieder von seltenen Vogelarten gemacht hatten, von Blaukehlchen über Klappergrasmücken und Eisvögel bis hin zu jener Nachtigall, die er selbst seinerzeit gehört hatte. Damals, fügte er hinzu, sei sie allerdings noch weniger selten gewesen und habe immer wieder im Auenwald beim alten Flusslauf genistet. Als Lokomotivführer habe er oft Spätdienst gehabt und sei manchmal um Mitternacht noch in seinem VW zum Auenwald hinübergefahren. Seine Erika habe ihn sogar einmal gefragt, ob er eigentlich noch einer Frau nachsteige, und da habe er gesagt, ja, einer Sängerin, und er lachte herzlich über diese Anekdote.

Seine Jovialität war nicht leicht zu ertragen, aber als der Wirt, Herr Wang, fragte, ob er ihnen den Dessert des Hauses zubereiten dürfe, Äpfel in Honig gebacken, schwärmte Saskia davon, sagte, das müssten sie unbedingt probieren, und so blieben sie noch etwas länger, und Herr Roth holte zu seinen Erläuterungen über die Schlafbäume beim Stauwehr aus, die offenbar von Krähen aus einem Radius von mindestens 30 Kilometern aufgesucht würden. Als er so weit ging, die Krähenrufe lautstark zu imitieren, stand der Wirt mit den Desserttellern bei ihnen, stellte sie auf den Tisch und sagte zu Herrn Roth, er habe geglaubt, eine Krähe sei hereingeflogen. Könnte sogar stimmen, sagte dieser, er sei wahrscheinlich in seinem früheren Leben eine Krähe gewesen. Wieder lachte er ausgiebig über seinen Scherz, und Herr Wang lächelte freundlich mit. Er war ein kleiner Mann, der unter seiner Kochschürze stets ein weißes Leinenhemd mit einem Mandarinkragen trug. Das Restaurant »Goldener Drache« in der Altstadt hatte er vor etwa 20 Jahren übernommen, und er sprach leidlich Deutsch. »Wünsche guten Appetit«, sagte er und fügte seinerseits einen Scherz hinzu: »auch Krähen.«

Er sage es weiter, gab der Vogelfreund zur Antwort, bevor er in den dampfenden Apfel biss. Das Treffen endete damit, dass Roth den Frauen das Du anbot, er sei schließlich der Ältere, und er heiße Eugen, oder einfach Geni. Die Frauen vermochten das schlecht abzulehnen, konnten aber immerhin einen Bruderschaftskuss vermeiden. Er hoffe, sagte Roth augenzwinkernd, dass sie sich nachts im Wald wiedersähen.

Selina und Saskia gingen zusammen noch einen Kaffee trinken, sie brauche etwas Erholung, sagte Selina, und sie sei nicht sicher, ob sie diesen Roth benachrichtigen solle, falls sie die Nachtigall wieder höre. »Du meinst Geni«, sagte Saskia, »ach, der ist doch harmlos, der hätte eine Riesenfreude, und ich komme jedenfalls auch.«

Schon am nächsten Abend gegen Mitternacht traf bei Saskia und bei Geni Roth eine Textnachricht ein: »Die

Nachtigall singt«. Eine Viertelstunde später fuhr Roths
VW Golf vor, und gleich danach stellte Saskia ihr Fahrrad
vor Selinas Haus ab. Roth war begeistert. Nach zwanzig
Jahren zum ersten Mal wieder eine Nachtigall! Der Gesang kam aus derselben Richtung wie letztes Mal, alle
hatten ihre Taschenlampen dabei, und als sie die leichte
Wegbiegung erreichten, die von der Nachtigall wegführte,
flüsterte Roth, er wolle noch etwas näher gehen, machte
ein paar Schritte weg vom Weg, um gleich danach mit
einem Fluch ins Gestrüpp zu stolpern. Mühsam richtete
er sich auf, die beiden Frauen riefen, ob er Hilfe brauche,
was er ablehnte, und als sie ihn anleuchteten, sahen sie,
dass sein Gesicht von Dornen zerkratzt war. Er habe eine
Taschenapotheke im Auto, sagte er, und es sei wohl besser,
er rekognosziere den Schauplatz bei Tage. Bevor sie um-
kehrten, blieben sie noch einmal ruhig stehen, aber nun
schwieg die Nachtigall.

Am übernächsten Tag erschien im Regionalblatt ein
kleiner Hinweis, dass es im Roggenwald zur Zeit eine
Nachtigall gebe, und es war auch genauer zu lesen, wo.
Allen größeren Waldwegen hatte man der Ordnung
halber Namen gegeben, welche auf Holztafeln eingekerbt
waren, derjenige, der bei Selina in den Wald führte, hieß
Hasensteig. Saskia ärgerte sich über den Artikel und rief
Geni Roth an, ob er ihn der Zeitung geschickt habe. Als er
dies bejahte, sagte sie, das diene sicher nicht dazu, dass das
Vogelpaar in Ruhe brüten könne. Die seien so hoch oben,

entgegnete Roth, dass sie sich nicht so leicht stören ließen, und es sei doch gut, wenn wieder einmal das Interesse an den Vögeln geweckt werde. Von jetzt an wurde es in den Nächten unruhiger vor Selinas Haus. Immer wieder parkten Autos, denen Menschen entstiegen, die sich mit Taschenlampen in den Wald begaben, auch Fahrräder wurden am Waldeingang hingelegt oder an Bäume angekettet, und oft gab es laute Diskussionen, wenn Menschen enttäuscht aus dem Wald zurückkamen, weil sie die Nachtigall nicht gehört hatten. Und tatsächlich schien sie ein launisches Tier zu sein, denn sie sang längst nicht jede Nacht.

Das sei eigenartig, fand Saskia, denn gewöhnlich blieben die Vögel in der Nähe ihres Nist- und Brutplatzes, und die Männchen sängen dann regelmäßig. Geni Roth meldete sich eines Abends bei Selina und sagte ihr am Telefon, er habe einen besseren Weg herausgefunden, wie man in die Nähe der Nachtigall käme, und sie solle ihn doch bitte benachrichtigen, wenn sie den Gesang das nächste Mal höre. Es war in derselben Nacht, als die Nachtigall wieder ihre Stimme erklingen ließ, und bald nachdem Selina ihre Nachricht abgeschickt hatte, fuhr ein Kleinbus vor, und Geni Roth stieg mit dem halben ornithologischen Verein aus, alle blieben stehen und lauschten, Roth sagte, sie warteten noch auf den zweiten Bus und gingen dann tiefer in den Wald hinein. Als dieser ankam und die ganze Gruppe im Wald verschwand, ging Selina auf die Straße hinunter und überlegte sich, ob sie mitgehen solle, entschied sich dann aber, da zu bleiben. Sie setzte sich vor die Haustür und verfiel, während sie auf die betörenden und geheimnisvollen Vogeltöne hörte, in ein leichtes Dösen. Auf einmal stand der Wirt des chinesischen Restaurants vor ihr, und aus dem Wald drangen aufgeregte Rufe. »Sie wohnen hier?« fragte er hastig. Selina nickte überrascht, und als er mit einem Blick zum Wald sagte, man dürfe ihn nicht sehen, stieg sie mit ihm die Treppe hinauf in ihre Wohnung. »Bitte löschen Sie Licht«, sagte er. Selina tat es und trat dann ans Fenster.

Unten auf der Straße war ein Stimmengewirr zu hören von den Leuten des ornithologischen Vereins, die nun nach und nach zum Wald herauskamen. Ganz zuletzt erschien Geni Roth. »Hast du das Tonband gefunden?« wurde er gefragt, doch er schüttelte den Kopf. »Da war gar nichts«, sagte er, »außer einem Brett in einer Astgabel.« »Ein Beschiss ist das gewesen«, sagte jemand, »da hat man uns hereingelegt« ein anderer, und ein Dritter hakte nach, man habe doch gesehen, wie einer den Baumstamm heruntergeklettert und davongerannt sei. Erst als sich ein Fenster im unteren Stock öffnete und jemand »Ruhe da draußen, verdammt nochmal!« rief, bequemten sich die Leute, in die zwei Kleinbusse zu steigen und davonzufahren.

Selina machte wieder Licht in der Wohnung. »Setzen Sie sich doch«, sagte sie zu ihrem Gast, der erschöpft und verängstigt aussah, »ich mache Ihnen einen Tee.«

»Danke«, sagte dieser und setzte sich an den kleinen Tisch der Küchenkombination. »Lapsang Souchong hab ich nicht, aber einen Bergkräutertee aus dem Engadin.«

Wang nickte und atmete tief auf. Dann trocknete er sich mit einem Taschentuch die verschwitzte Stirne ab. Selina sagte nichts mehr, bis sie aus einem Krug zwei Tassen Tee einschenkte, in die sie noch etwas Zitrone träufelte. Nach dem ersten Schluck nickte ihr Gast anerkennend. Dann fragte Selina vorsichtig:

»Was ist denn passiert? Wollten Sie auch die Nachtigall hören?«

Wang schüttelte den Kopf.

»Aber wieso waren Sie um diese Zeit im Wald?«

»Ich bin die Nachtigall.«

Selina lachte.

»Sie? Die Nachtigall?«

Wang blieb ernst.

»Mit einem Tonband?«

»Oh, nein. Ich singe selber.«

Selina war verwirrt, etwas konnte ja wohl nicht stimmen. Doch dann begann ihr Wang zögernd, Schritt für Schritt und Teetasse um Teetasse seine Geschichte zu erzählen. Er hatte sich an einer Musikhochschule in Shanghai zum Vogelstimmenimitator ausgebildet. Das war eine alte chinesische Kunstform, die sowohl den Kommunismus als auch die Kulturrevolution überlebt hatte. Die Ausbildung dauerte mehrere Jahre, die Prüfungen waren sehr streng, man lernte die Nachahmung von Vogelgesängen ohne jegliche technische Hilfsmittel, nur mit den eigenen Stimmbändern, und es wurden sogar Stimmen von Vögeln gelehrt, die bereits ausgestorben waren. Aber nach dem Abschluss der Ausbildung bekam er kaum Gelegenheit zu Auftritten, und so begann er als Koch zu arbeiten. Als er vor mehr als zwanzig Jahren zu einer Gartenschau in Genf reisen durfte, um als Attraktion im Gelände der Chinesen zu zwitschern, benutzte er die Gelegenheit, abzuspringen, und es gelang ihm, in der Schweiz zu bleiben. Durch einen Glücksfall konnte er dann den »Goldenen Drachen« übernehmen, in dem er vorher als Koch gearbeitet hatte. Je länger er aber hier war, desto mehr vermisste er die Kunst, die er erlernt hatte, vor allem im Frühling. Oft zwitscherte er dann in seiner Wohnung, aber dieses Jahr zog es ihn in den Wald, und er konnte dem Wunsch nicht widerstehen, nach dem Schließen des Restaurants noch im Wald auf einen Baum zu klettern und von dort als Nachtigall zu singen. Dass man ihn suchen würde, hatte er nicht erwartet.

Selina hatte ihm zugehört, mit ungläubigem Kopfschütteln zuerst, dann immer vorbehaltloser; sie unterbrach ihn einmal mit der Frage, ob auch Frauen diese Ausbildung machten, worauf er antwortete: »Nein. Männlein singt für Weiblein.« Als er geendet hatte, fragte sie ihn vorsichtig, ob er ihr vielleicht hier am Tisch eine Nachtigall nachmachen würde.

Wang lächelte und hub dann ohne Umstände zu seinen schönsten Gesängen an. Selina beobachtete ihn, schaute genau hin, ob sie irgendeine Veränderung in seinem Gesicht feststellen konnte, aber es waren bloß die Lippen, die er leicht bewegte, als würde er sprechen, und während er eine Figur an die andere hängte, merkte sie gar nicht, dass ihr die Tränen herunterliefen, bis sie ihren Kopf auf den Tisch legen musste und hemmungslos zu weinen begann.

»Tut mir leid«, schluchzte sie, »ich weiß nicht, woher das kommt.«

Wang zwitscherte immer leiser, als flöge die Nachtigall davon, und als sie im Wald verschwunden war, streichelte er Selinas Haare und fragte sie: »Wollen Sie Amsel?«

Maskenzwang

Oliver B. saß im ICE von Basel nach Hamburg und schaute die Notizen durch, die er sich für sein Vorstellungsgespräch gemacht hatte.

In Freiburg setzte sich eine Frau ihm gegenüber auf den reservierten Platz, nachdem sie die Sitznummer mit ihrer Fahrkarte verglichen und ihren kleinen Rollkoffer in den Zwischenraum hinter dem Sitz geschoben hatte. Oliver B. nickte ihr kurz zu und rückte dann seine Sichtmappen, die er auf das Tischchen gelegt hatte, etwas zurück.

Die Frau bedankte sich mit einem Nicken, öffnete ihre Handtasche, legte ein Buch vor sich auf das Tischchen und darauf ihr Mobiltelefon. Oliver B. war unterwegs nach Kassel. Er hatte sich auf eine Ausschreibung für die Stelle eines wissenschaftlichen Mitarbeiters der »documenta« gemeldet und war zu seiner Überraschung in die engere Wahl gekommen. Man hatte ihn zu einem Zoom-Gespräch gebeten, doch er hatte angeboten, persönlich vorzusprechen, da er ohnehin beruflich nach Norddeutschland reise. Das traf zwar nicht zu, doch er hatte kein Vertrauen in Videokonferenzen, bei denen oft technische Probleme im Vordergrund standen, da war zuviel Hall im Ton, da hatten auf einmal alle längliche Gesichter, oder die Gesichter froren ein, während das Gespräch weiterging, Sätze wie »Hören Sie mich?«, »Ich sehe Sie, verstehe Sie aber nicht« unterbrachen oder untergruben die brillantesten Gedankengänge, und in jedem Laptop schien die menschliche Aura stecken zu bleiben wie in einem Spam-Filter.

Die Sitzung war auf 16 Uhr angesetzt, der Zug sollte etwa 20 Minuten vorher in Kassel Wilhelmshöhe ankommen.

Er las sein CV nochmals durch, Doktoratsabschluss Uni Zürich mit einer Dissertation über Kunst im Alpenraum, Assistenzstellen Fondation Beyeler und Kunsthalle Bern, Lehrauftrag Uni Bern, kuratierte thematische Kunstausstellungen, Gehen, Wasser, Vögel, Publikationen in Anthologien, div. Artikel über zeitgenössische Kunst (ZEIT, NZZ), verh., eine Tochter, Wohnort Bern.

Ein zirpender Klingelton zeigte der Frau gegenüber an, dass eine Nachricht für sie eingetroffen war, sie klappte ihr Handy auf und las sie, etwas erstaunt, wie es Oliver schien, blickte eine Weile nach oben und begann dann eine Antwort einzutippen.

In einem seiner Artikel hatte er das Konzept der »documenta« kritisiert, die Ausstellung zeitgleich in Athen und Kassel durchzuführen und hatte ihr fehlende Sensibilität für den Klimawandel vorgeworfen. Dass er trotz dieses Artikels zu einem Gespräch eingeladen wurde, hatte ihn verwundert – oder war es *wegen* dieses Artikels?

Während die Frau gegenüber immer noch auf dem Handy tippte, warf Oliver einen Blick auf ihr Buch. »Tanya Tagaq – Eisfuchs« stand auf dem weißen Umschlag, von dem ihn das fein gezeichnete Gesicht eines Fuchses anblickte. Der Name der Autorin sagte ihm nichts, auch den Titel hatte er noch nie gehört.

Dann überflog er noch einmal einen Essai, den er über afrikanische Künstler und ihre Nähe zur »Arte povera« verfasst hatte und der noch nicht publiziert war.

Als nun ein Kellner vorbeikam und fragte, ob er etwas aus dem Speisewagen bringen könne, bestellte die Frau einen Schwarztee und Oliver ein Käsesandwich und eine Apfelschorle.

Mit einer gewissen Spannung wartete er darauf, dass die Frau ihre Schutzmaske anhob und damit ihr Gesicht sehen ließ. Seit das Tragen von Masken in Zügen, Bussen und Straßenbahnen obligatorisch war, hatten die Frauen für ihn an Reiz gewonnen, und er begann die Araber zu begreifen, welche ihre Frauen nur vermummt in die Öffentlichkeit ließen. Kürzlich war er auf der Straße einer Frau begegnet, die ihn fröhlich mit seinem Namen grüßte, und als er sie nicht gleich erkannte, zog sie ihre Maske über das eine Ohr herunter, lächelte ihm zu und sagte: »So sehe ich aus.« Diese Geste hatte ihn eigenartig elektrisiert, sie war ihm bereits als ein Akt der Intimität erschienen.

Die Frau vis-à-vis war nun dazu übergegangen, mit dem Mittelfinger auf ihrem Bildschirm hinunterzufahren, und Oliver überlegte einen Moment, welche Nachrichten sie wohl suchte, bevor er sich wieder seinem Essai zuwandte. Es gibt verschiedene Arten, sein Gesicht kurzzeitig von der Maske zu befreien, um etwas zu essen oder zu trinken. Man kann sie unter das Kinn schieben, ohne die Bändel von den Ohren wegzunehmen. Davon wird allerdings abgeraten, da man später beim Hinaufstreifen ein Virus vom Kinn mitnehmen kann. Dafür sehen alle: Die Maske ist da. Oder man kann die Bändel von einem Ohr entfernen und die Maske vom andern Ohr baumeln lassen. Der Nachteil: Die Brosamen eines Sandwichs können auf die Innenseite der Maske fallen und müssen nachher rausgeschüttelt werden. Aber auch hier ist für jedermann klar zu sehen, dass die Maske da ist. Nimmt man sie hingegen ganz ab und steckt sie z. B. in die Brusttasche des Hemdes, riskiert man Killerblicke anderer Passagiere: Keine Maske – die achte Todsünde! Dann gibt es noch die Möglichkeit, die Maske für einen Schluck Tee so weit hochzuziehen, dass die Lippen frei werden und diese danach gleich wieder mit dem Stoff zu bedecken.

So machte es die Frau, die Oliver gegenüber saß, und während er sich mit der Baumelmethode abmühte, musste er sich gestehen, dass er etwas enttäuscht war. Die Fransen ihrer braunen, leicht gewellten Haare bedeckten die halbe Stirne und stießen fast an die großen runden Brillengläser. Sie trug eine Maske mit blauen Sternen, die sie bestimmt zu ihren blauen Augen ausgesucht hatte. Was für ein Geheimnis war doch ein Gesicht, ein ganzes Gesicht.

Aber auch er hatte gelernt, den Ausdruck des ganzen Gesichts in den Augen zu lesen, und als der Kellner kurz nach Mannheim mit der Rechnung kam und fragte: »Zusammen?«, lächelte sie, bevor sie den Kopf schüttelte, schaute auch kurz zu ihm hinüber, als prüfe sie ihn als möglichen Partner.

Oliver erwiderte ihren Blick, lächelte ebenfalls und verpasste dabei die Gelegenheit, sie einzuladen. Er, verh., eine Tochter, Wohnort Bern, reiste seit langer Zeit wieder einmal ins Ausland, und in ihm stieg plötzlich eine Abenteuerlust auf, wie er sie schon lang nicht mehr gespürt hatte.

Der Zug fuhr in den Frankfurter Bahnhof ein, die Frau hatte ihren Eisfuchs und ihr Handy in die Handtasche gepackt, hatte ihm zugenickt und sich mit dem Rollkoffer in die Reihe der Aussteigenden gestellt.

Da stand Oliver auf, packte seine Unterlagen hastig in den Stadtrucksack, nahm den Koffer hinter seinem Sitz hervor, stieg ebenfalls aus und folgte der Frau vom hintersten Wagen, in dem sie gesessen hatten, über den ganzen Bahnsteig bis zur großen Halle am Ende der Gleise. Dort schaute sie sich suchend um, wandte sich dann nach links, und als Oliver schon fast auf gleicher Höhe mit ihr war und sich einen Satz überlegte, kam ihr ein Mann entgegen, den sie herzlich umarmte, bevor sie ihm einhängte und mit ihm zusammen weiterging.

Oliver B. blieb abrupt stehen und klammerte sich an den Bügel seines Koffers, verstört über sich selbst. Nach einer Weile drehte er sich um, ging zum Bahnsteig zurück, zögerlich zuerst, dann immer schneller, und sah gerade noch, wie sich der ICE nach Hamburg langsam in Bewegung setzte.

Geh nicht!

Ein Kind, das zur Welt kommen will, braucht einen Namen, und oft können sich die Eltern bis zum letzten Moment nicht entscheiden, wie es heißen soll. Immerhin wird es den Namen ein Leben lang tragen, und zwischen Liam und Karl oder zwischen Vanessa und Rosmarie liegen Welten. Auch jemand, dessen Geschichte zur Welt kommen will, braucht einen Namen, und wer immer Geschichten schreibt, weiß um die Schwierigkeit, diesem Jemand den richtigen Namen zu geben, und sollte dieser auch nur für die Dauer einiger Seiten Bestand haben. »Eduard – so nennen wir einen reichen Baron« beginnt Goethe seine »Wahlverwandtschaften«, fast so, als mache er einen unverbindlichen Vorschlag, aber ab dann heißt der reiche Baron Eduard, mit einer Selbstverständlichkeit, die uns vergessen lässt, dass wir Zeugen seiner Geburt waren, mehr noch, Paten, denn was ist das »wir« anderes als eine Einladung zur Teilnahme an der Taufe und damit zur Teilnahme am Leben des Täuflings.

Nach längerem Nachdenken nenne ich den Mann, der

mir immer wieder aus meinem Gehirn zuwinkt, weil er erzählt werden möchte, Frank. Sein Vorname soll genügen, seine Geschichte dauert weniger lang als die von Eduard.

Frank ist über siebzig, pensionierter Gymnasiallehrer für Latein und Griechisch, verwitwet, verbringt viel Zeit mit Lesen und Musizieren, besucht mit seinen Enkelkindern Museen und Ausstellungen, nimmt sie mit auf kleinere Ausflüge oder Wanderungen und macht gerne größere Wanderungen, allein oder mit Freunden.

Als unsere Geschichte begann, hatte er sich entschlossen, sein altes Handy durch ein iPhone zu ersetzen. Er wollte mit der Zeit gehen, er wollte wissen, wovon die andern sprachen, wenn sie sich über Facetime und Health-Apps unterhielten, aber es war ein Schritt, der seiner Lernfähigkeit einiges abverlangte angesichts all der bunten Symbole, die nun auf seinem Bildschirm ihre Dienste anboten und die er zum größten Teil unnötig fand. Ab und zu holte er bei einem Freund oder seiner Schwiegertochter einen Rat ein, aber er wollte niemandem lästig fallen, und so ging das Einarbeiten nur Schritt für Schritt vor sich.

Etwas vom Dringendsten war die Übertragung der gespeicherten Telefonnummern auf sein neues Gerät, und gerade weil es unumgänglich war, hatte er es immer wieder hinausgeschoben. Nachdem er schon zum zweiten Mal die Nummer eines Kollegen in seinem Adressbüchlein nachgeschaut hatte und dieses zuerst eine Viertelstunde suchen musste, bis er es unter dem Monatsprogramm des Gemeinschaftszentrums fand, setzte er sich hin, nahm sein Nokia aus der Schreibtischschublade, drückte den Einschaltknopf, gab den Code ein, den er vorsichtshalber auf die Rückseite geklebt hatte, und wurde mit der Nachricht empfangen »SIM-Karten-Registrierung fehlgeschlagen«. Gleichzeitig warnte ihn eine kleine Schrift unter dem Batterie-Zeichen, welches noch halbe Ladung anzeigte, »Kein Dienst«. Das wusste er, er wollte ja nicht telefonieren, wählte »Abbrech.«, worauf das Grundbild mit dem Menü erschien. Ein Anflug von Heimweh erfasste ihn, als er die wenigen Symbole sah, auf das vertraute »Kontakte« ging, und dann die Pforte öffnete, die mit »Namen« angeschrieben war und hinter der ihn alle seine Freunde, Verwandten und Bekannten erwarteten. Seufzend begann er, die Namen und Nummern in den Ordner mit den Kontakten auf seinem iPhone einzutragen. Da er sich noch nicht daran gewöhnt hatte, dass er die Tastatur nur zu berühren brauchte und ihm überhaupt seine Finger zu dick schienen, konnte er kaum auf Anhieb fehlerfrei schreiben, aus Anna wurde Alla, aus Ackermann Ackerlamm, und Stefan Drescher, einer seiner ältesten Freunde, tarnte sich als Stegan Frescher.

Gerade war er mit dem Buchstaben D zu Ende, da zeigte ein Klingelton an, dass auf dem Nokia eine SMS eingetroffen war. Frank war erstaunt. Die bisherige Telefonnummer galt jetzt ausschließlich für sein iPhone, somit war eigentlich klar, dass auf diesem Gerät »kein Dienst« möglich war. Doch als er »Mitteilung« öffnete, stand da »Geh nicht!«, und dort, wo sonst die Nummer des Absenders zu lesen war: »Abs.unbek.«.

Frank fühlte sich der digitalen Welt gegenüber in der Defensive und rechnete ständig damit, dass in ihr Dinge passierten, die er nicht verstand und die ihm Kundige ebendieser Welt, wie seine Schwiegertochter oder sein Freund Stefan, erklären konnten. Solche Dinge notierte er sich gewöhnlich auf einem Schreibblock, dessen Titelblatt er mit einem großen Fragezeichen versehen hatte, um sie bei Gelegenheit besprechen zu können. Er nahm den Block aus der Schreibtischschublade heraus und merkte im selben Moment, dass diese Frage keinen Aufschub duldete.

So wählte er die Nummer von Stefan, die er soeben gespeichert hatte, fragte, als sich dieser meldete, ob er mit Stegan Frescher spreche und erzählte ihm von seiner Mühe mit der kleinen Tastatur. Stefan lachte und wies ihn darauf hin, dass man die Tastatur auch querstellen könne, wodurch die Felder etwas größer würden. Als ihm Frank jedoch sagte, er habe soeben eine SMS auf seinem alten Handy bekommen, das gar nicht mehr in Betrieb sei, behauptete Stefan rundweg, das könne nicht sein und da habe er sich wohl getäuscht. Frank war irritiert. So senil sei er noch nicht, dass er eine SMS halluziniere, die mit dem altvertrauten Klingelton hereingekommen sei. Dann solle er den Absender anrufen, meinte Stefan. Der sei unbekannt, entgegnete Frank, worauf Stefan fortfuhr, er würde mal in den Swisscom-Shop gehen damit, und was überhaupt in der SMS stehe.

»Geh nicht!«

Stefan lachte. »Geh trotzdem«, empfahl er ihm, »ich weiß jedenfalls nicht weiter.«

Frank ging nicht.

Er hasste es, irgendwelchen jungen Schnöseln gegenüber als Unwissender aufzutreten und nahm sich vor, später seine Schwiegertochter zu fragen.

Am Nachmittag besuchte er mit Liam, seinem achtjährigen Enkel, die Ausstellung »Tutanchamon«, in der das Grab dieses früh verstorbenen ägyptischen Pharaos nachgebildet wurde. Nach einem kurzen Film über die Geschichte der Ausgrabung konnte man von einer Grabkammer zur nächsten gehen, so wie sie die Entdecker gefunden hatten, dann wurden einem einzelne Objekte gezeigt, wie der Sarg, in dem die Mumie des Herrschers lag, oder die Statue von Anubis, dem Hund, der die Toten auf den Weg ins Jenseits begleitete, sowie Schreine, Schmuckstücke und Grabbeigaben.

Beim Anblick des offenen Sarges mit der Mumie, die zwar mit einem Tuch bedeckt war, deren Körperformen aber klar erkennbar waren, begann der Achtjährige auf einmal heftig zu weinen und klammerte sich an seinen

Großvater, dem das etwas peinlich war. Als sich immer mehr Leute nach dem Störenfried umzudrehen begannen, verließ er die Ausstellung so schnell wie möglich und fuhr mit ihm im Bus nach Hause. Er versuchte ihm zu erklären, dass im goldenen Sarg keine wirkliche Leiche war, sondern nur eine Puppe, aber Liam schluchzte während der ganzen Fahrt immer wieder auf.

Vielleicht, sagte Frank zu seiner Schwiegertochter, sei es doch keine gute Idee gewesen, obwohl Liam vorher unbedingt den Schatz des Königs habe sehen wollen. Die unerwartete SMS behielt er für sich und beschloss, sie ein anderes Mal zu erwähnen. Als er sich am nächsten Tag am Telefon erkundigte, wie es Liam gehe, erzählte ihm seine Schwiegertochter, er sei nachts schreiend aufgewacht und zu ihr ins Bett gekrochen, der Mumienschock sei offenbar noch nicht vorbei gewesen, und sie habe mit ihm darüber gesprochen, dass wir alle einmal sterben müssen. Das tue ihm sehr leid, sagte Frank, und er hoffe, der Kleine sei nicht traumatisiert worden.

Ein paar Tage später fuhr er mit dem Übertragen der Telefonnummern fort, es gelang ihm, die Tastatur quer zu stellen, wodurch sich die Tippfehler etwas verminderten, bis auf Kurt Grau, der zu Kuft Graz wurde. Er korrigierte den Namen und erschrak. Das Klingelzeichen kündigte eine SMS an. Er öffnete sie und las »Geh nicht!«.

Nein, sagte er dem Mitarbeiter vom Störungsdienst, nachdem er endlich aus der Warteschlaufe entkommen war, die Handy-Nummer gelte jetzt für sein iPhone, und sein altes Nokia melde »Kein Dienst«. Dann könne er damit auch keine SMS erhalten, sagte der junge Mann am andern Ende. Als Frank entgegnete, der Grund, weshalb er anrufe, sei eben, dass er welche erhalte. Das sei nicht möglich, sagte der Mann, und er solle doch am besten mit beiden Geräten eine Swisscom-Filiale aufsuchen. Es war ganz klar, dass er ihm nicht glaubte und ihn für einen verwirrten Alten hielt. Doch er dachte nicht daran, eine Filiale aufzusuchen, wo man ihm schonend zu verstehen geben würde, dass er ein Trottel sei.

»Ach, du machst das Feuer noch auf die alte Art?«

Frank war mit seinem Sohn, seiner Schwiegertochter und den Enkelkindern Liam und Vanessa an einem alten Flusslauf auf einer Sonntagswanderung, hatte für das Picknick Reisig gesammelt, das er zu einem kleinen Haufen schichtete und ein paar trockene Äste so darüber platziert und aneinandergelehnt, dass sie die Form eines Zeltes hatten.

»Was soll das heissen?« fragte er seinen Sohn.

»Man muss es umgekehrt machen«, sagte dieser, »die dickeren Äste unten und das kleinere Holz oben.«

»Wieso denn das?«

»Es gibt viel weniger Rauch, wenn sich das Feuer von oben nach unten frisst.«

»Ich hab es aber immer so gemacht.«

»Das war einmal – schau«, sagte der Sohn, hob die Äste weg, schob das Reisig zur Seite, legte dann die Äste quadratisch auf die Feuerstelle und den Reisighaufen darüber. Liam motzte, so wie es Großpapa gemacht habe, sei es schöner.

»Ja, viel, viel schöner« sagte die fünfjährige Vanessa und schaute ihren Vater vorwurfsvoll an.

»Meinetwegen«, brummte der, »macht, was ihr wollt, ich geh dann mal Stecken schnitzen für die Würste«, und verzog sich ins Unterholz hinter dem Wanderweg. Die Kinder versuchten nun, das Holz so zu schichten, wie sie es beim Großvater gesehen hatten. Dieser half etwas mit, und als sein Sohn mit fünf Stecken zurückkam, die er mit dem Taschenmesser zugespitzt hatte, stieg ein dichter Rauch von der Feuerstelle auf, der die ganze Familie ein paar Schritte zurücktrieb.

»Siehst du jetzt, was ich gemeint habe?«

»Das kommt bloß von den Ästen, die noch nicht dürr genug sind.«

Es entspann sich ein zunehmend gereizter Dialog zwischen Sohn und Vater, die Schwiegertochter hatte inzwischen die Cervelats geschält und ihnen Beinchen geschnitten, und so hielten nun alle ihre Stecken in den Rauch, der weiterhin in wechselnde Richtungen geblasen wurde und alle zu ständigem Ausweichen zwang. Vanessa begann zu husten und weinte, ihre Mutter übernahm ihre Wurst, wollte sich ihre tränenden Augen mit dem Jackenärmel abwischen und ließ dabei Vanessas Cervelat ins Feuer fallen, Frank versuchte sie herauszufischen und verbrannte sich die Finger.

»Toll, deine alte Methode«, sagte der Sohn und schob dann noch nach: »Auch Rauchwürste sind Würste.«

Die Stimmung verbesserte sich auch auf dem Rückweg nicht, und Frank beschloss, von jetzt an nicht mehr auf eine Wanderung mit dem Sohn und seiner Familie mitzugehen.

Er war mit dem Übertragen am Ende des Buchstabens K angelangt, als das Klingelzeichen auf seinem Nokia eine SMS anzeigte. Obwohl er damit gerechnet hatte, erschrak er, und obwohl er den Text erwartet hatte, erschrak er erneut, als er ihn öffnete. »Geh nicht!«

Dann überlegte er sich, wohin er als Nächstes gehen wollte. Ein amerikanischer Film war ihm empfohlen worden, eine Geschichte über ein altes Paar, das nochmals ausbüxt, und den wollte er am späten Nachmittag ansehen. Was konnte da schon passieren? Vom Gang über die Straße zur Tramhaltestelle bis zur Treppe im Kino ging er in Gedanken alle möglichen Fallen durch und fand keine. Er schaute auf das Display seines iPhones und sah den letzten Namen, den er eingetragen hatte. Wer zum Teufel war Karö Kjöödr? Es dauerte einen Augenblick, bis er daraufkam, dass es sich um Karl Kupper handelte, einen seiner Wanderkollegen. Offenbar hatte ihn der Klingelton stärker erschreckt, als er zugeben wollte, er musste mit den Fingern geradezu gezittert haben.

Er merkte, dass er die anonyme und technisch unmögliche Warnung, nicht zu gehen, ernst zu nehmen begann, und das ärgerte ihn.

Gerne hätte er jetzt seine Frau gefragt, was er tun solle, und gerne hätte er sie ins Kino mitgenommen, um diesen etwas sentimentalen Film über den unvernünftigen Ausflug eines dementen Mannes mit seiner schwerkranken Frau anzuschauen, bei dem ihm mehrmals die Tränen kamen. Die letzten Ferien mit seiner eigenen Frau gingen ihm durch den Kopf, als sie bereits von ihrem Lungenkrebs gezeichnet war. »Ella & John« hiess der Film. Frank war besonders vorsichtig hingegangen, ging auch besonders vorsichtig zurück, und als er seine Wohnung wieder betrat und sich zum Abendessen zwei Spiegeleier zubereitete und dazu ein Glas Rotwein trank, dachte er, na also, nix passiert, was soll die Aufregung?

Er goss sich noch etwas Veltliner nach, ging mit dem Glas in sein Arbeitszimmer und prostete dem Nokia zu, das er auf dem Schreibtisch hatte liegen lassen. An diesem Abend entschloss er sich, den Kampf gegen die Nachricht aufzunehmen. Wie, war ihm noch nicht klar. Sollte er das alte Handy gar nicht mehr öffnen? Dann sähe er auch die Nachricht nicht, falls eine käme. Auf dem iPhone war nie eine eingetroffen. Oder sollte er von Zeit zu Zeit doch hineinschauen?

Eine erste Antwort darauf ergab sich, als er das nächste Mal am Übertragen der Namenliste arbeitete. Zu seiner Überraschung fand er die Mobilnummer von Rosmarie Osterwald, einer Klassenkameradin aus seiner Gymnasialzeit, die er fehlerfrei eintippen konnte. Er hatte vergessen, dass man am letzten Klassentreffen vor ein paar Jahren Nummern ausgetauscht hatte, und dachte gerade, er könnte sie einmal anrufen und fragen, ob sie sich zu einem Kaffee treffen wollten, als der Klingelton eine neue SMS anzeigte.

»Geh nicht!«

Rosmarie, die seit Kurzem verwitwet war, war einverstanden, sie machten einen Treffpunkt und eine Zeit aus, und erst danach fragte sich Frank, ob es irgendeinen Grund gab, nicht hinzugehen. Es kam ihm keiner in den Sinn, er ging vorsichtig hin, unterhielt sich mit Rosmarie, die ein Leben voller Schicksalsschläge hinter sich hatte, und kam beschwingt wieder zurück. Sie hatten abgemacht, sich in einer Woche wieder zu treffen.

Ein paar Tage später arbeitete er sich durch den Buchstaben S, als sein Wanderfreund Karl anrief, um ihn zu fragen, ob er morgen mit ihm auf den Grossen Mythen mitkomme, er würde ihn um 8 Uhr mit dem Auto abholen. Frank hatte nichts anderes vor und sagte gerne zu. Er hatte den Festnetzhörer noch keine Minute aufgelegt, da ertönte das Nokia-Klingelzeichen.

»Geh nicht!« stand erneut da. Zwar hatte er nichts anderes erwartet, aber das Zusammentreffen mit dem Wandervorschlag beunruhigte ihn trotzdem. Den Grossen Mythen hatte er schon mehr als einmal bestiegen, der Weg war steil und manchmal etwas exponiert, aber gefahrlos, etwa 500 Höhenmeter von der Holzegg aus, wo man den Wagen abstellen konnte, und die Aussicht war großartig. Auf dem Gipfel gab es eine kleine Bergwirtschaft, in der man etwas essen und trinken konnte. Er würde die Teleskopstöcke mitnehmen, vor allem für den Abstieg, und die übliche Vorsicht walten lassen. Blieb die Anreise mit dem Auto, doch Karl war ein guter und ruhiger Fahrer. Er konnte nichts erkennen, dem er nicht gewachsen wäre, und wieso sollte er sich durch einen digitalen Scherz von diesem vorsommerlichen Vergnügen abhalten lassen?

Dennoch schlief er schlecht, stand sogar nachts einmal auf, um die Sohlen seiner Wanderschuhe zu prüfen, die aber in einem einwandfreien Zustand waren.

Es wurde ein wunderbarer Tag, und am Abend prostete er seinem Nokia zu. »Siehst du?« murmelte er, »2:0.«

Das nächste Treffen mit Rosmarie näherte sich, Frank übertrug die letzten Namen und war beim Buchstaben Z angelangt, als der Klingelton kam. »Du rätst mir wohl ab?« sagte er zu seinem Gerät, bevor er die Nachricht öffnete, und so war es.

»Geh nicht!«

Plötzlich wurde er wütend. Was sollte das alles?

»Ich mache, was ich will!« schrie er das Handy an und erschrak über seine eigene Stimme. Mit Rosmarie vereinbarte er, dass sie sich von jetzt an jede Woche einmal sähen. Da er mit dem Übertragen der Telefonnummern fertig war, gab es keinen Grund mehr, das alte Handy zu öffnen. Aber am Tag vor dem nächsten Treffen tat er es trotzdem. Diesmal schwieg sein Nokia. Was hieß überhaupt Nokia? Er dachte an die Orakel des Altertums. War er im Begriff, abergläubisch zu werden? Vielleicht sollte er sein Nokia Pythia nennen?

Doch er musste zugeben, es freute ihn, dass ihm die unbekannte Autorität nicht von Rosmarie abriet. Die Treffen mit Rosmarie wurden zu einem Ritual, und jedesmal befragte er vorher seine Pythia. Auch vor einem Ausflug oder vor einer längeren Fahrt schaltete er stets das alte Handy ein, lud es auch auf, wenn der Akku fehlende Ladung anzeigte. Besonders interessierte ihn, ob eine Nachricht kam, nachdem er Rosmarie eingeladen hatte, eine Woche mit ihm in getrennten Zimmern in einem Hotel im Wallis zu verbringen, in das er seit Jahren zu Beginn der Sommerferien ging, auch als seine Frau noch gelebt hatte, und er war erleichtert, dass der Imperativ, nicht zu gehen, ausblieb.

Am ersten Abend erzählte er Rosmarie, dass er jedesmal, wenn er hier war, als Erstes einen weglosen Berg über der Baumgrenze erstieg, um zu spüren, was seine Knie und seine Lungen dazu sagten, und angesichts der guten Wetterprognose würde er das gern morgen früh tun. Bis zum Mittag sei er wieder zurück, und am Nachmittag könnten sie zusammen einen Spaziergang zu einer nahe gelegenen Kapelle machen. Rosmarie, die ohnehin keine Frühaufsteherin war, ermunterte ihn dazu. Frank ließ sich im Hotel eine Portion heißen Tee in eine Thermosflasche geben, packte einen Schokoriegel und etwas Dörrobst in seinen Rucksack, machte seine Kleidung und seine Schuhe bereit, stellte den Wecker seines iPhones auf halb sechs Uhr, und erst als er im Bett lag, stand er nochmals auf und nahm sein Nokia aus dem Koffer.

Kaum hatte er es geöffnet, kam der Klingelton und mit ihm die Nachricht:

»Geh!«

Na endlich, dachte er und legte sich wieder hin, konnte aber lange nicht einschlafen. Wer wusste hier Bescheid über ihn?

Weder seine Lungen noch seine Knie enttäuschten ihn. Er hatte für 250 Höhenmeter eine Stunde gebraucht, wie er 3 Stunden nach dem Aufbruch beim Erreichen des Steinmanns auf dem Gipfel feststellte. Das war immer noch gut für sein Alter. Die Rundsicht war überwältigend. Die Berge der näheren Umgebung kannte er, manche davon hatte er erstiegen, und das Wiedersehen rührte ihn. Sie bekamen heute einen besonderen Glanz; durch die geglückte Besteigung und den Gedanken, dass im Hotel jemand auf ihn wartete, fühlte er sich verjüngt. Er war allein auf dem Gipfel, saß vor dem Steinmann, trank Tee aus der Thermosflasche und aß den Riegel und ein paar Apfelringe.

Als er zwei Wanderer über das große Schneefeld unterhalb des Grates kommen sah, schulterte er seinen Rucksack und machte sich auf den Abstieg. Er ging ihn mit spezieller Vorsicht an. Schneefelder konnten im Sommer tückisch sein, wenn man plötzlich einsank, und der Schotter in den Geröllhalden war rutschig und bot oft wenig Halt. Seine Stöcke setzte er behutsam ein, prüfte an heiklen Stellen Schnee und Schotter, bevor er den nächsten Tritt wagte. Auch die Grasnarben, die sich wie Meridiane am Hang entlang zogen, waren mögliche Stolperfallen. Weiter unten wich er einer Kuhherde aus, die er im Aufstieg nicht gesehen hatte. Mutterkühe mit jungen Kälbern waren für ihre Angriffslust bekannt. Auf der Bergwiese wuchsen zwischen bärtigen Glockenblumen und Sonnenröschen duftende Männertreu, er pflückte sich eins, steckte es sich in den obersten Hemdknopf und freute sich darauf, es mit den Worten »Nigritella nigra« Rosmarie unter die Nase zu halten.

Das Hotel war schon zu sehen, als er zu einem elektrisch geladenen Kuhzaun kam. Er mochte nicht untendurch kriechen, sondern schwang sein rechtes Bein darüber, wollte sich kurz an einer Stange des Zauns halten, zuckte aber mit der Hand wieder zurück, als er merkte, dass die

Ladung auch in der Stange vibrierte. Das linke Bein, das er nun nachzog, konnte er nicht mehr auf dem Boden aufsetzen, er verlor das Gleichgewicht, fiel nach hinten, überschlug sich und kugelte einige Meter einen Steilhang hinunter, bevor er auf einen Felsblock prallte und die Besinnung verlor.

»Sie hatten Glück«, sagte die Frau im weißen Kittel, die sich über das Spitalbett beugte.

Frank schloss die Augen und öffnete sie wieder. Sein ganzer Körper war ein einziger Schmerz.

»Glück?«, sagte er, »ich hatte Pech! Pythia hat mich angelogen.«

Ich danke Rafik Schami für die Einladung, in seiner von 2014 bis 2020 erschienenen Reihe »Sechs Sterne« bei *ars vivendi* jedes Jahr mitzumachen, zusammen mit Michael Köhlmeier, Nataša Dragnić, Monika Helfer und Root Leeb. So entstanden die ersten sieben Erzählungen.

Ich danke Alain Claude Sulzer für die Anfrage, zur Reihe der kompletten Aufführungen aller Sinfonien von Joseph Haydn in Basel einen Text beizusteuern. So entstand »Abschied«.

Die letzten drei Geschichten entstanden, ohne dass mich jemand danach fragte.

Franz Hohler
September 2021

Inhalt

Penguin Random House Verlagsgruppe FSC® N001967

1. Auflage
Copyright © 2021 Luchterhand Literaturverlag, München,
in der Penguin Random House Verlagsgruppe GmbH,
Neumarkter Straße 28, 81673 München
Satz: Greiner & Reichel, Köln
Druck und Einband: GGP Media GmbH, Pößneck
Covergestaltung: buxdesign, München
Covermotiv: plainpicture/BY
Printed in Germany
ISBN 978-3-630-87679-5

www.luchterhand-literaturverlag.de
www.facebook.com/luchterhandverlag
www.twitter.com/luchterhandlit